平行时空下的约定

汪明欣 著

广东人民出版社
·广州·

图书在版编目（CIP）数据

平行时空下的约定/汪明欣著. —广州：广东人民出版社，2023.5
ISBN 978-7-218-16516-5

Ⅰ.①平… Ⅱ.①汪… Ⅲ.①汪明欣—自传 Ⅳ.①K828.6

中国国家版本馆CIP数据核字（2023）第064479号

PINGXING SHIKONG XIA DE YUEDING
平行时空下的约定
汪明欣 著

版权所有 翻印必究

出 版 人：肖风华

责任编辑：范先鋆
责任技编：吴彦斌 周星奎

出版发行：广东人民出版社
地　　址：广州市越秀区大沙头四马路10号（邮政编码：510199）
电　　话：（020）85716809（总编室）
传　　真：（020）83289585
网　　址：http://www.gdpph.com
印　　刷：广东鹏腾宇文化创新有限公司
开　　本：890毫米×1240毫米 1/32
印　　张：4.75　　字　　数：108千
版　　次：2023年5月第1版
印　　次：2023年5月第1次印刷
定　　价：38.00元

如发现印装质量问题，影响阅读，请与出版社（020-85716849）联系调换。
售书热线：（020）85716833

作者的话

很久很久以前,人类相信自己身处的世界就是唯一的世界。可是,在科学家不断探索宇宙的过程中,我们才发现原来地球只是众多行星中的一个。其后,在我国航天科技的迅速发展以及每位航天员的不懈努力下,我们现在已经能向火星进发了。作为中国人,我真的为我国每位航天员感到骄傲。我知道能为国家作贡献是所有爱国者的梦想,但愿航天员们能再创佳绩,也祝愿国家的航天事业能继续蓬勃兴盛,创造一个又一个的奇迹。

每当看到航天员完成任务凯旋的时候,我都不禁感动得流下泪来,心中的创作灵感,如清泉一般涌现,书名《平行时空下的约定》由此而生。对,如果我们这个世界只是无数宇宙中的一个，便会有很多我们不知道的平行时空。当然，学佛之后，我更明白了一切为心做的道理。所以，死亡不再可怕，只要心存对亡者的追思和爱，你思念的已故亲人就会永远活在你的心之泉源中。试想，假若每个人都能将别离之时那苦涩的泪，化为正能量，便可以在追思中创造一个又一个的平行宇宙。在平行时空下，我们可以进行无数次的时空旅行，这不是一件值得期待的事吗？

《平行时空下的约定》是一本关于我和爸爸的回忆故事的书信集，也是我对父爱念念不忘的追思集。当中记载了我们一起经历过的一点一滴，也承载着我们共同希望实现的一个中国梦，那就是让我们的正能量植根于我们祖国的土地，好让中国新一代的青少年都懂得及时去爱，然后学会爱的人，继续将这个生命火炬一代又一代地传承下去。没有国，就没有家，我感恩自己是中国人，但愿这颗赤诚的中国心，能得到最大的回响。

乐澄，乐是快乐的乐，澄是澄清的澄，这是赐我笔名的大伯伯之所愿，他期盼我能写出清新脱俗又令人读后感到快乐的文章。所以，这里没有艰深的文字，也没有矫揉造作的用词，只有一颗单纯期望奉献的赤子之心。朋友，我们一起出发吧！别被生死二字吓倒你，更不要以为死亡就是尽头。你知道吗？爱从没有界限，更不会在乎距离。

此刻，就让我以文字来为你导航吧！期冀能透过我和爸爸的故事，带领各位读者见证每个平行时空下的感动时刻。

> 彩云飘，清风吹，
> 萤火闪闪远相随。
> 白杨下，烟雨间，
> 片刻相聚如梦幻。
> 死海里，彼岸上，
> 一念能定你方向。
> 骊歌中，看夕阳，
> 真爱能除诸阻障。
> 暴雪后，朗日现，
> 平行时空里再见。

序

梁振英

中国人民政治协商会议第十三届、第十四届全国
委员会副主席
中华人民共和国香港特别行政区前行政长官

平行时空下的托付

一百多年前美国盲聋作家海伦·凯勒（1880—1968）以惊人的毅力战胜黑暗，成为学识渊博的作家和教育家，并致力于盲人福利和教育事业，感动了一代又一代的人。在她的著作《假如给我三天光明》中，她说："第一天，我想看看那些给我关怀和友谊的人，是他们让我的生命变得

有意义。"

今天的香港,也有一个"海伦·凯勒",汪明欣(欣欣)同样是因病失明,同样用毅力书写不败的人生和闪耀的精神,她用阳光的笑容、开朗的性格,用轻快的文字和感人的艺术传递了对生命的热爱,抒发了对人生的领悟,她的故事温馨地启发我们这些活在色彩斑斓世界的人:珍惜所有,感恩所有。

在欣欣的新书中,她追思了与父亲的点点滴滴。世人都歌颂父母之爱,其实为人父母者,最珍而重之的莫过于儿女对他们的爱。欣欣娓娓道来的故事告诉我们:爱是无所畏惧,也是无所保留。面对生活的羁绊、困顿或忧愁,有爱,便有信念,便有意义。

每一个人都需要面对各自的人生课题,就像欣欣无法选择拥有视觉的人生,但她选择了朝着阳光奔跑,用生命的热诚照亮所处的世界。当前这个世代的年轻人也常常会有许多困惑或挫败,但是,只要我们愿意用爱去沟通,去治愈,把握每一个拥抱的机会,我相信,我们的人生、我们的社会和我们的世界必然充满希望和机遇。

希望每一个读者,都能够受到欣欣启发,勇敢面对障碍,好好珍惜眼前人。

高永文医生
中国人民政治协商会议第十四届全国委员会常务委员
中华人民共和国香港特别行政区行政会议非官守议员
金紫荆星章受勋者，太平绅士

平行时空下的祝福

　　一听到"汪明欣"这个名字，脑海中便浮现了她的招牌笑容，甜美的歌声，以及创意无限的童话故事。无论发生任何事，遇上任何困难，自幼失明的明欣，都能积极勇敢地面对。也许她的眼中只有黑色，但她的内心世界却比任何人的外在世界更灿烂，更色彩缤纷。

　　曾经，我见证过不少的病患在家人的支持下，能无惧病魔的威胁。他们不仅能突破身体的障碍，更能创造出无限的可能，最令人欣喜的是，这些病患能在不同的领域中取得卓越的成就。不仅如此，他们还身体力行地参与义务工作，通过自身的经历，鼓励他人，努力不懈地推动社会共融，宣扬逆境自强的价值观。

人生总有高低起伏，面对难以逆转的困境时，或许我们可以尝试改变面对困境的心态，就如明欣一样。她在八个月大时患上了风疹（德国麻疹）和麻疹，由此导致视觉神经受感染。她先后做过六次角膜移植手术，但最终还是因为视觉神经坏死以致完全失明。在明欣最痛苦、最低落的时候，全靠她的家人无条件地付出和无限量地支持，才令她能重新面对可怕的现实。再加上她那永不放弃的坚强性格，即使失明也不能阻挡她积极参与音乐和文字创作，以及生命教育等工作。我见证着明欣实现了一个又一个的目标，创造了一个又一个的奇迹，真的非常感动！

明欣再次执笔，写下了她与父亲及家人之间的感情、不同阶段的经历，以及在失明的煎熬下如何坚持创作等故事，实在值得每位读者去细阅和深思，我亦借此机会感谢明欣无私的分享，使更多的人能通过她的著作，学习永不放弃的精神，领悟"爱要及时"的意义。

衷心祝愿明欣未来有更多不同的尝试及发展，并能鼓励更多朋友活出灿烂精彩人生。

黄伟雄

中华人民共和国香港特别行政区荣誉勋章
受勋者,太平绅士

平行时空下的奇遇

我所认识的汪明欣,是一个珍爱自己、敬爱家人、关爱社会、热爱国家的青年。她给我的第一印象是朝气蓬勃、豁达开朗,且带有一点童真。与人倾谈时,她总是一脸的专注,她积极乐观,从不言败,常挂着笑脸,让人觉得格外舒坦。

十多年前的某个晚上,我应邀观看红十字会甘乃迪(又译为"肯尼迪")特殊儿童学校在大会堂剧院表演的筹款音乐剧《我爱菠萝油》。当晚的表演者,均为该校的各级学生，还有被邀为主唱的特别嘉宾。当我愉悦地欣赏着学生们的精彩表演时，台上突然响起了清亮而圆润的高音，深深吸引着我。我循着歌声试图追寻，却见台上身穿斑斓彩服的一众表演者轮番转动，竟一时目眩，欲寻无踪。我连忙追问坐在旁边的黄校长，才知道那天籁般的女声，是来自台上穿着橙黄色戏服的女孩——汪明欣。自此，汪明欣这名字便刻入脑海。演出完毕后，我在后台通道上认识了明欣，也认识了她的经理人——明欣的母亲。

　　明欣是二〇〇八年香港十大杰出青年之一，她从不因自己的不幸而怨天尤人，反而在有限的空间里，创造了属于自己的无限宇宙。她时常用自己的故事去感染别人，鼓励年轻人要以永不放弃的精神，去完成每一项使命。明欣不但爱惜生命，活出自己的精彩人生，更珍惜家庭关系，和家人和睦相处。她还有一颗爱国之心，对中华民族有同种同源的认同感，并对此有深深的自豪感，这些都渗透在她的音乐及文字创作中。她曾说："我真心为我是中国人而感到骄傲。"我也为认识汪明欣而感到骄傲。

写于二〇二二年八月

中国星火基金会

平行时空下的心声

  一封一封女儿写给父亲的家书，扣人心弦，让人感受到"树欲静而风不止，子欲养而亲不待"的悔不当初之情！

  明欣满怀感恩之心，感谢家人的珍爱和关怀，她的父亲更不顾一切为女儿的将来捐出宝贵的眼皮，就算只有百分之一机会，都心甘情愿，不放弃这个珍贵的机会，他对欣欣的痛爱之情溢于言表。

  明欣为表达对父亲的感恩和追思，写出一封又一封发人深省的家书，让读者感同身受，明白和体会亲情的伟大、重要和无私。

中国星火基金会得蒙机缘，替明欣第六本书写序介绍，希望明欣再接再厉，写出更多感人肺腑、激励人心的文章，让更多的人深深明白家人关爱的重要，促使人与人之间距离拉近，彼此关爱，共建温馨和谐社会大家庭。

陈美玉博士
资深音乐治疗师

平行时空下的知心语

  第一次接触明欣是在 2008 年 10 月 5 日星期日的下午，也就是在 2008 年香港十大杰出青年选举结果公布的记者招待会上。不说不知，明欣是该届选举中最年轻的获奖者，能够在三十岁之前获取如此荣誉，可以想象明欣有多么优秀。明欣的优秀不限于学习（曾留学澳大利亚）、写作（是多产作家）、音乐（精通声乐，多次举办演出，并曾与著名演艺人梁咏琪小姐、王菀之小姐等同台演出），她还拥有乐天知命的开朗性格，温柔善良。明欣是香港首位失明女作家及音乐创作人，要说她是个多才多艺的才女，绝不为过。

　　明欣的成就当然让人感到骄傲，但对我这个从事临床康复工作超过二十五年的人来说，我深知明欣今天所拥有的一切和她的原生家庭有着密不可分的关系。我看过无数家庭因为家里有个残障或患病的孩子，最后变得支离破碎，是什么让明欣可以有这么优异的成就呢？我想这一切都来自家庭的爱！

　　有幸拜读明欣的新作《平行时空下的约定》，字里行间不难发现明欣对已经离世的爸爸有多么思念，看到愉快的分享就会心微笑，看到感动的地方泪水就不由得掉下。总之，读着此书就仿佛看到他们父女从前生活的点点滴滴，让人心头一暖。父母总会老去，子女难免思念，但我觉得汪爸爸其实并没有离开过，因为他的人生智慧与格局，一直在陪伴明欣，让她遇到困难的时候也不孤单，比如说汪爸爸会用他在非洲公干的例子去鼓励明欣不怕失败，勇敢尝试。

　　为人子女的时候总不能完全体悟到父母对自己的爱，到自己为人父母后才体会到：原来父母对孩子的爱都是心甘情愿和不求回报的，他们只会担心自己给的不够，却从来不会认为自己给的太多。认识明欣那么多年，我非常遗憾与汪爸爸缘悭一面（因为他之前都在忙生活），但是我见过汪妈妈和汪哥哥多次，从他们的言谈举止中，我可以肯定汪爸爸是个了不起的爸爸和丈夫，要不然不会妻慈子孝，女儿更是出类拔萃。最近十多年，教育心理学非常推崇成长型思维模式（growth mindset）——为不成功的经验重新定义，然后进行努力。我相信汪爸爸没有学过，但通过明欣写给爸爸的信件不难发现汪爸爸生活与育儿的大智慧：遇事不慌、永不言弃和坚定不移的精神。最后也要感谢明欣的真情分享，让我们有机会向一位非一般的爸爸与长者学习他那非一般的精神。爱是永恒。

二〇二二年七月六日于成都

梁咏琪

香港著名女歌手

平行时空下的共鸣

第一次和明欣妹妹合作，是在一个音乐会上，那也是我们初次相识的地方。

那是 2006 年的"国际共融艺术节"中，缘分安排了我和明欣一同在台上合唱一首 Today。当日从台上牵着她的手唱歌，到台下的相处中，我对这位外表宛如刚大学毕业的小妹妹印象深刻，尤其喜欢她那开朗活泼惹人喜爱的个性，那天我们相处非常愉快，并互相留下联络方式，希望能与她保持联络。我叮嘱明欣妹妹日后有需要我帮忙的时候，一定要找我。当日我打从心底渴望与她能有更深的缘分，我们因此成为朋友。

我们有时候会通过 E-mail 问候对方，于聊天平台聊天，明欣的语气总是那么温暖开朗，无牵无挂；我相信无论她的生活遇到多少困难，她总能找到属于自己的"小确幸"。乐天的性格，是上天赐给这位女孩的一份能陪伴她一生的礼物。

记得在 2010 年，明欣决定再版自传《步向彩虹的女孩》，她邀请我为她写序，于是我翻阅着她的著作，通过文字经历着她的故事，了解到她由婴孩时患病以致视觉神经受感染，做过六次角膜移植手术，在与家人共同走过多年的奋斗历程后，可惜也敌不过命运的安排，于八岁时视觉神经坏死而完全失明。幸得家人鼓励和陪伴，明欣才可由悲愤、失望中慢慢走出困局；而热爱音乐和写作的她，不忘初心和信念，一次又一次站起来，最终凭坚毅不屈和逆境自强的精神，不用眼睛而用心感受世界，真正成为一个步向彩虹的女孩，在大众视野下活出"生命影响生命"的意义，获得社会大众的关注和嘉许。

很高兴知道明欣再次推出新书《平行时空下的约定》，这次更以写给已故父亲的一封封书信，剖白自己于失明的黑暗路上，与亲爱的爸爸并肩作战的经历。

在这个混沌且容易迷失的世代，世界非常需要正能量，需要踏踏实实的奋斗故事，需要黑暗中的那点光，帮助仍在努力地从困境中找寻出路的人。

我们都需要明欣的正能量！

"我相信人生是找出路，而不是自寻死路。"汪明欣妹妹，谢谢你！

大伯伯汪福标（左二）

平行时空下的叮咛

很高兴汪明欣又有新作面世，作为大伯的我在她的要求下，不得不为她的新作写篇序言。她说新书的主人翁是她父亲——汪修标（我的弟弟）。我已是九十多岁的老人了，谈及这件事心中忐忑不安，正所谓："五"年生死两茫茫，不思量，自难忘。岁月匆匆，侄儿女们都已长大成才，人生不如意、困难事都已成过去，昂首阔步走上一条祖国的康庄大道吧！最后，亲爱的侄女，祝福你百尺竿头更进一步。

写于二〇二二年七月十五日

伍瑞瑶　郭金莲

教育界代表

平行时空下的喝彩

　　明欣是一个能歌善作，敢言乐助的艺术家。她个子小小，言谈亲切，时常挂着笑容。乐观的性格增添了她的勇气和智慧，使她克服了各方面的困境，让她如清风一般，游走于学校、志愿团体、复康和更生机构之间，讲述逆境自强的经历，从而启发了人性，也抚平了消极失落的心境。她又不时通过大气电波、书刊、演说和音乐，宣扬"不分国界、不论伤健、不问过去"的真正共融精神，好让大家一起散发正能量，并携手建立一个互相接纳、互相关怀的共融新天地。当然，明欣不是孤军作战的，在她身边总是伴着拥有不同才华、不同经历,但有着共同抱负的"星群",不时在黑夜中绽放温暖悦目的星辉。明欣的努力,让她获得社会各界的认同。

明欣是一个重情的作家及音乐创作人,在她的作品中,经常会出现人间有情的描述,情乃人与人维系关系之本,人性之根。情以心牵引,心存感恩、怜悯之念,爱便由此而生,并能推己及人。亲情陪伴着明欣的成长,尤其是汪爸爸和汪妈妈对她的关怀和指导,让她一步一步建立坚毅的信心和顽强的斗志。明欣的父母以丰富的人生经历勉励她跌倒时再次站起来,伤痛时擦干眼泪,失败时重新出发。一扉关上另门开,人间处处现彩虹,明欣在慈父及慈母的引导下,终于破茧而出,朝着正确的目标和方向前进。

明欣在作品中不时提及亲情对她成长的重要性,尤其是父亲对她的关爱改变了她的一生。长大后的明欣,传承了汪爸爸和汪妈妈坚毅不屈的信念,通过不同的渠道传扬到每一个角落。这是明欣追求的梦想,也是她履行与汪爸爸在"平行时空下的约定",为促进人类社会的平等、互相包容、接纳和关爱作出贡献。在一个新书发布会里,我们看到壁报上有段引言,觉得可以用来为明欣打气:

世上许多事情，只要甘心，吃了多少苦头都不会受到伤害，它们反而成就了一种可贵的印记和生命的痕迹，成长中不可少的经历与磨炼。

——三毛《你是我不及的梦》

明欣，我们的儿媳，我们以你为傲。

二〇二二年七月二十八日

侄子汪攸升（图中左二，彭希娜小朋友绘）

平行时空下的爱

汪明欣是我的姑姑，也是教我要坚强的老师，当我知道姑姑是香港首位失明女作家的时候，我就觉得她很厉害，因为她写了六本书，而且懂得弹琴。她每一次和我说自己的经历的时候，我心里都"哇"了一声，因为我觉得她真是太了不起了！

目录

一	思念的魔法	1
二	艰苦岁月中的领悟	8
三	一子错满盘皆落索	14
四	难以忘怀的伤痛	19
五	再见了，乔修士	25
六	重新出发	30
七	转瞬即逝的缘分	36
八	破釜沉舟的力量	41
九	共融的真意	46
十	如何潇洒说再见？	54

十一	守护天使	61
十二	回忆堡垒中的巨人	67
十三	梦幻舞台上的秋千	74
十四	寂寞也是一种快乐	83
十五	有一种爱叫作残忍	90
十六	放下不是放弃	96
十七	天才小乌龟，善善	104
十八	平行时空下的约定	113

特别鸣谢：个人及支持机构　　124

一

思念的魔法

亲爱的爸爸:

您最近好吗？自别了您，我才知道您对我们一家人有多重要。为什么我们总是要到失去了，才会懂得珍惜自己所拥有的一切？

不知怎的，孩子们常觉得爸爸妈妈会永远守护在他们的身边，所以，每当父母请求孩子们早点回家一起吃饭，孩子们都会找一千个借口去推脱，并说自己很忙，明天再说吧。转眼间数十个寒暑又过去了，他们却依然在拖延。直至父母耗尽最后一口气的时候，他们才顿时明白爱要及时。可惜蓦然回首，才发现爸爸妈妈原来在不知不觉间已经两鬓斑白，健康也大不如前了。当他们后悔自己做得不够的时候，病榻中的父母原来已经走到了生命的尽头。

思念就恍如湖面上的涟漪，泛起来了，又消失了；思念又好比潮水，汹涌而至，又淡淡退去。但即使它停留的时间是如此这般的短暂，也总会留下一点痕迹。当清风吹过我身边，当蝴蝶掠过眼前，我嗅到了一种独特的气味，这是思念的气味，也是您的气味。思念是一种魔法，它令我找到爱的泉源，更引领我感觉爱的无处不在。

我自幼就与疾病结下了不解之缘，正因为这点"福气"，家人们都特别疼惜我。无限度的忍让与迁就，使我开始变得蛮不讲理。您偶尔训斥我几句，我就恃宠生骄地反驳，有时候还会哭起来，因为我知道您每每看见我的眼泪就心痛不已，之后您总是说："好了，好了，傻孩子，不要哭了，是爸爸不对了。"其实，我心里明白，错的从来都是我。再次忆起这些往事，眼泪总是不由自主地掉下来。如果我可以早点醒觉，也许我还能陪您多散散心，多说说笑呢！

爸爸，还记得吗？在我八个月大的时候，先后患上了风疹（德国麻疹）和麻疹，它们就像一支骁勇善战的军队一样，向我

爸爸在马上英姿焕发

的视觉神经和其他器官步步进攻，率先被重创的，是视觉，然后身体各个部位也相继失守，进而引发了并发症——肺炎。脆弱的我被彻底地打败了。在死神即将向我招手的时候，医生决定将我放到氧气箱内进行抢救。在医护人员正要把我送进手术室时，医生突然问您和妈妈："你们要我抢救你们女儿的生命还是要她复明？"这真是一个黑色幽默，假若生命都完结了，复明还有意义吗？所以，您和妈妈异口同声说："请医生一定要救回女儿的性命。"

在医生的努力抢救下，我总算是逃过了死神的追击，但从那天起，我就注定有一个不一样的人生。爸爸，对于我最终能逃过一劫，一定使您暂时松了一口气吧？可是，与此同时，您心里也必然会为了女儿未知的将来充满更多的担忧和恐惧。我感恩自己从小就是家里的宠儿，但令我愧疚的就是家人为我做出了太多的牺牲和奉献。

爸爸，在我刚出生的时候，明明还是个趣致、健全的小宝宝，一夜之间却突然变成了凸眼怪婴，这想必会令您和妈妈都分外难过吧？就这样，您开始不忍接近我，也不再抱我了。为此，我曾经以为您不再爱我了，但当时的您就好比哑巴吃黄连，其中的苦涩，恐怕只有您自己才知道了吧！怪只怪我当时年纪太小，完全不能了解您的痛心。

在我三岁的时候，一位优秀的眼科医生突然出现，令事情有了重大的改变。当时医生看了我的病历,心里顿感怜惜。他说:"您女儿视觉神经损毁的情况相当严重,假若要接受角膜移植,就必须先做眼皮组织移植手术,以修补破损。你们家人谁愿意捐出眼皮给孩子呢?"当时您和妈妈都不约而同地说:"我愿意将我的眼皮捐给女儿。"然而,为了让妈妈在我的手术后能好好照顾我,医生最终还是建议让爸爸捐赠眼皮给我。随后医生又问:"假若手术成功率不足百分之一,你们还要让女儿做这个手术吗?"妈妈坚决地说:"只要手术没有生命危险,即使只有百分之一的成功率,为了女儿的将来,我们也坚决一试。"

从那天起,我们一家四口便开始了长达五年多的奋斗历程,一直在黑暗和光明中徘徊不定。在一个阳光充沛的早晨,比我年长三岁的哥哥跟我们告别之后,便依依不舍地回学校了,然后我和您就被送进医院。在您接受眼皮及细胞组织割除手术后,我随即被医护人员送到手术室。当时一阵刺鼻的消毒水气味在我的四周弥漫着,令我异常害怕。但当我想到您和妈妈此刻正在外面等着我,我便突然安心起来了。随着麻醉药开始发挥功效,我也迷糊地昏睡过去了。

我的视觉受到了病菌的严重侵蚀和破坏,使得我的脸颊凹陷,眼皮及眼眶四周都充斥着脓肿和伤疤。为了修复破损,医生需要从您的眼皮上割下部分眼皮组织移植到我

明欣骑马游风光

的眼皮上，以修复凹陷和脓肿的伤口，好让我的眼睛能重新恢复饱满。这是当时矫形学的一大突破，也是那位医生的得意之作。

爸爸，虽然医生说过眼皮移植并不会对您造成任何的后遗症，但您为我受了这一刀，仍然令我内疚。不过，说来也奇怪，自从您的眼皮移植给我以后，我和您之间就莫名地有了一种感应，即使您到极乐世界已经三年多了，我仍然感觉到您与我同在。这微妙的联结，再过多少年，都会随着我的血液而奔流，随着我的生命而存在。

爸爸，您一定不会忘记那位医生为我拆开纱布的感动时刻吧？当时迎面而来的就是爸爸那胖胖而潇洒的身影，以及妈妈的雪白鹅蛋脸。我知道自己从此注定要辗转在黑暗和光明之间，我会将这难能可贵的一刻永远珍藏在心灵深处。

爸爸，这五年间，我感恩沿途一直有您和妈妈陪伴着我，更有哥哥跟我一起探索世界，令我的生活中时刻满载着一个又一个的惊喜。还记得您在手术后送给我的顽皮小猫吗？对了，就是那只会随着我的拍掌声而左摇右摆的可爱小玩意。这只小猫在我身边，给在医院时那些刻板而可怕的日子增添了几分乐趣。虽然小猫现在已经不知所终了，但我永远感谢它曾经在我苦苦挣扎的时候给予过我的欢欣和安慰。还有那只我们一起在东涌某餐厅买的小熊宝宝，在您离开以后，这只小熊就一直伴随在我左右。我每次抱着它的时候，似乎都能感觉到您遗留下来的气息和温暖。

我们曾一起见证生命每一刻的动人景致。不论是长江三峡的壮阔、万里长城的宏伟，还是圆明园的典雅，都令我叹为观止。爸爸，您说得对，读万卷书不如行万里路。韩国雪岳山的浪漫情调，迪拜的惊险骆驼之旅，以及土耳其的气球空中漫游，都令我眼界大开。还有更多的旅游探索和风土人情，我实在一时难以尽录，但每一个景点，都曾带给我无限的乐趣和反思。爸爸，谢谢您曾陪伴我们一起看尽沿途风光，带领我们走出局促的一隅。您就像一位人生导游，也是我们的老师，有了您循循善诱，我们再不会迷失于茫茫人海之中。

"有人辞官归故里，有

明欣骆驼观光照

人星夜赶科场。"人人都在名利中斗得你死我活的时候，您却选择隐退；大家抢着邀功的时候，您偏偏决定放手。您是我们顶天立地的父亲，我们以您为荣。

　　思念是无边无际的，它能穿越生死，您的爱也同样没有止息。不论我们相隔多远，它都永不改变。刹那间，一阵微风拂过了我的身边，一只大鸟忽然扑棱扑棱地迎面飞来。啊！我仿佛听到鸟儿正在歌唱着爸爸最爱的歌曲——《哎呀，妈妈》。鸟儿越飞越近，然后靠近我的耳畔低声唱道："池塘青蛙从哪里来？是从那水田小河里游来。甜蜜爱情从哪里来？是从那眼睛里到心怀。哎呀，妈妈，你可不要对我生气！哎呀，妈妈，你可不要对我生气！哎呀，妈妈，你可不要对我生气！年轻人就是这样相爱。"

　　对了，这就是您从前最爱唱给妈妈听的一首歌曲啊！只有您才会唱出这么特别的歌词，跟原有的版本不同。是什么驱使您化成大鸟，再一次唱出这动人的旋律？是啊！就是思念的魔法，也是爱的魔法。爸爸，我明白了，只要我们仍然惦记着您，我们的心灵便能时刻相应。但愿您能永远自由自在地翱翔于宽广的宇宙之中，热切地高声歌唱。

女儿欣欣敬上

写于二〇二〇年九月

艰苦岁月中的领悟

亲爱的爸爸：

您好吗？人人都说月到十五分外圆，不知道您那边的月亮今天是不是特别明亮呢？现在，就让我们跟着月亮和星星移动的轨迹慢行，我和您即将在时光隧道的交会处重逢，请您静下心来，继续听女儿为您讲故事吧。

记得医生说过，角膜移植手术成功后，仍然会出现排斥的现象，因而特别叮嘱家人如发现我眼睛有突然的变化，就要立刻把我送医院进行急救，故经常令您和妈妈忧心忡忡。终于您为了我，牺牲了非洲的生意经营权，重新回到香港发展，而妈妈则失去了她的安眠时间，经常半夜被噩梦惊醒，大汗淋漓地冲到我的睡床前，默默检视我眼睛有没有产生变化。至于哥哥，他也开始不跟其他小朋友玩耍了，除了上学的时间以外，其余的分分秒秒都寸步不离地守护在我身旁,他就像一位探子,遇到异常的状况,必定尽责地向爸妈报告。其实,当我还是个凸眼怪婴的时候,哥哥已经是这样了,记得曾经有一次,在妈妈背着我牵着哥哥去上学的途中,竟然遇上了几个七八岁、比起哥哥高几寸的顽皮小子,他们不停地指着我的凸眼哈哈地大笑着。这时,只有五岁大的哥哥忽然猛地甩开妈妈的手,冲到妈妈的身后掩着我的眼睛大声喝道:"有什么好笑啊!快走,再不走我打你们。"幸好,当他正挥着拳,想要向他们跑过去的时候,那几个小子,竟然被哥哥突如其来的狮吼吓得跑掉了,否则一定会有意外发生!哥哥就是这样,时时刻刻保护着我。

二 艰苦岁月中的领悟

明欣船上独照

爸爸，医生说我的视力总是有限期的，这点我是明白的，我怎会不了解我的视觉神经曾经受过多严重的破坏呢？可以看得到三五年已经是个医学上的奇迹了，我又怎能贪婪地渴望永远拥有它呢？所以，从我三岁开始，我就知道我要珍惜有限的时间，去记住所有我看过的东西。因此，您、妈妈和哥哥每天都带我到处逛，而我也不停地用眼睛努力地探索着，对啊，天空是蔚蓝色的，云儿有时是白白的，但有时又会变成灰灰的，雨天过后看到的，就是美丽的七色彩虹了。就这样，我一点一滴地牢记着，重复地幻想着一个又一个的画面，直至八岁的一天，我眼前的景物不知怎的突然模糊起来，就连医院金鱼缸里的金鱼们都忽然变得朦朦胧胧了，难道今天我就要把失而复得的视力还给去世的捐赠者了吗？我的心一直在扑通扑通地狂跳，恐惧充斥于每个细胞和血管内，我很害怕啊！我真的很害怕啊！

我清楚记得，医生含泪向我宣布了噩耗，对，我知道我的视觉神经已经完全坏死了，以后再也不能看见东西了！听到这个消息后，您和妈妈都呆住了，一句话也说不出来，而我就一直大哭，一直哭到三更半夜，才哭至困倦入眠。第二天清晨，我一起床就是哭闹不停，就连床边的妈妈也被我吵醒，我又踢又叫，伤心的她根本无法制止我，直至您带着哥哥进来我的病房,一切才峰回路转起来。哥哥走到我跟前给我递上我最爱的可乐刨冰,然后轻轻说:"妹妹,不要哭,我知道有一位名人,他又盲又聋哑,但他却成为最伟大的作家,他叫贝多芬啊!"各位聪明的朋友应该知道这是哥哥说错了,其实那位伟大的作家是海伦·凯勒,不过,我因为这个错误而振作起来了。对,她不但盲,更是聋哑人士,但我只是失明,更拥有灵敏的听觉和触觉,我觉得我的成就一定会比她还高。

爸爸,您还记得我念小学的时候有位同班同学叫苏珊吗?对,她是我念中小学时期最好的朋友。她虽然有白化病,但仍然很努力读书,也很积极地争取各方面的成就。为了年年考第一,她一直使劲将所有课本内容都死记硬背下来,对于这种读书方法,我实在不敢苟同,而且好胜心极强的我,确实不太习惯每年屈居第二,于是我决定要击败她,并要向她证实她的读书方法有多愚蠢。结果,在那

苏珊(图左)与明欣(图右)合照

二 艰苦岁月中的领悟

年的考试中，我只是比平日更用功地记熟重点，便轻松地考了个第一，而她比平日更专注地背书，却最终只能考个第二。虽然那年我赢了她，但为什么我却高兴不起来呢？我要的"胜利"得到了，我证明失明的我也比她强，但却忘记了朋友的道义。我明明知道温馨提示她一下就行了，却偏偏要无情地教训她。爸爸，尽管我很快就觉悟了，但一切已经太迟了。在毕业之后的一次同学聚会中，我当着同学的面称赞苏珊那出神入化的日文翻译技巧，然而，她却低着头说："您只是轻轻地一跳，就已经到达世界之巅，而我却是耗尽九牛二虎之力地大跃而起，才能到达山腰。唉，反正胜负当年已定，一切再说也没意义了！无奈，我就只得这死记硬背的小本领，只好认命！"我摊摊手，一阵懊悔从心灵深处涌现。类似的事情已经发生了太多次，我还要任性地伤害几个人呢？爸爸，我知道您和妈妈只希望我活得平凡而快乐，但我却偏偏要把平静的海弄得波涛汹涌，这样有必要吗？

　　从此，我再不与人争胜，也不再需要证明。爸爸，原来失明真的不算什么，一个人能否真正看见，并不在于视力的好坏，而只在乎我们的心眼能否保持清明。所谓的亲眼看见、亲耳听见，其实都不足为信，唯有用心去看，我们才能看到事物的真相。

爸爸，原来我写着写着，不知不觉已到了深夜时分，也是时候要和您说晚安了。约定你，于另一个星光灿烂的夜里，在时光隧道的交会处相遇，到时我定会再一次为您忆述我们的故事。就让我们今晚在梦中见好吗？

女儿欣欣敬上

写于二〇二一年三月

三

一子错满盘皆落索

亲爱的爸爸：

　　爸爸，您还记得吗？十五岁那年，我突然说要到外国念书，当时您和妈妈也被我吓了一跳。原本我想选择到英国留学，但爸妈却担心我在那儿没有亲人照顾，而那时候哥哥正就读于澳大利亚悉尼大学，于是爸爸妈妈便让我也到澳大利亚念书。好不容易，哥哥才替我找到一间位于悉尼郊区的天主教视障中学，他专程到学校见校长，说明一切详情及我的成绩概况后，校长终于决定给我一个入学的机会。

　　起初，我们以为申请学生海外签证很容易，只须填妥表格及递交相关文件就行了，怎知道澳大利亚政府竟然不接受我的申请，最后，经过当时香港有关部门的交涉后，澳大利亚政府才勉强为我批出学生签证来。之后我查看过一些资料，发现原来澳大利亚政府对当地有特殊需要的学生，会免费提供导盲犬和训练等一系列的福利和协助，其中的好处，我实在一时不能尽录。平心而论，这确实非常公道，假若外来的视障朋友都要分一杯羹，长期付出及纳税的澳大利亚公民应得的资源必会被分薄，这样肯定会引起民愤。所以，看到这里，我大概明白为何我要过五关斩六将才能成功获发学生签证了。

但为何明明不让我来，我却偏偏来了？爸爸，您和妈妈当时也有这样的疑问吗？我又何尝没有疑惑呢？我悄悄问自己，难道这是命运预先安排给我的一场闹剧吗？我想着，想着，"诗佛"王维先生的诗句忽然在脑海中浮现："行到水穷处，坐看云起时。"对了，即使看似"山重水复疑无路"，也会找到"柳暗花明又一村"的，就这样迈开大步勇敢地向前走吧！反正"是福不是祸，是祸躲不过"，爸爸妈妈，这条路是我自己选择的，我一定可以承担一切的后果。

回想初到澳大利亚学校的时候，我真的完全不适应。成群结队的苍蝇，实在令有洁癖的我非常害怕，加上全校只有我是中国人，而最糟糕的是全班竟然只有我一个是女孩，当时想到这里，我已经极为沮丧，但我告诉自己，我怎能退缩呢？我心里想，无论如何我都只能硬着头皮地熬过去。

　　我就读的是一所寄宿学校，星期一至星期四，我都必须留在宿舍里，直到星期五才能回家。记得我刚刚入校的第一天，妈妈便致电学校找我，原来您和妈妈陪我到宿舍之后，并没有立刻回香港，而是一直守在我们租住的小公寓里，默默地等着我从学校回来，而这小公寓就是我们在澳大利亚唯一的安身之所了。其实，我一听到妈妈的声音，就顿时热泪盈眶，但为免你们挂心，我唯有故作开心地介绍我在学校的所见所闻。

　　挂上电话后，宿舍家长——戴安娜小姐便带我回房间去了。我的睡房很大，而且还有

明欣在澳大利亚的生活照

两张单人床和两个梳妆柜子，不过这里不会有妈妈为我更换床铺，若爱整洁的话，就必须自己动手。宿舍还有规定，所有住宿生必须每两星期更换床铺和枕头套一次。当然，对于有洁癖的我来说，两星期也太长了，我恨不得两三天就换一次呢！一切完成之后，已经是晚上十点了，我也应该睡觉了。这时，戴安娜小姐却带着一个跟我差不多大的金发女孩子，推开那没有锁的木门走进来，并介绍我们互相认识，然后她便一溜烟地跑出去了。原来那女孩叫玫瑰，她很开朗。之后，我们寒暄了几句，便各自回到自己的床上睡觉去了。我告诉自己，我不是一整天都做得很好吗？我可以适应得来的。然而，为什么我的脑袋总是不停地想着您和妈妈，我真的很想回家啊！想到这里，滚烫的泪珠又流下来了，我抽泣着，抽泣着，直至最终困倦入眠。

爸爸，您知道吗？我一共哭了三天三夜，就连玫瑰也被我吓跑了。我还曾因为被宿舍家长遗忘而独留睡房中，只靠发霉了的面包充饥。我也曾经倚赖过同班一位似女孩的男孩，让他每天带着我到饭堂吃饭，到音乐室和课室上课，直至被一位严苛的修士看见了，他甚为不满，并冷冷地说："这些留学生，来到这里也不懂独立生活，阿彬（那位男孩的名字），你能让她倚赖一辈子吗？我命令你从明天起，绝对不能再帮她的忙，否则我不会饶恕你。"回房间后，我大

三　一子错满盘皆落索

哭了一场。爸爸，别误会，这不是为修士不留情的教训而哭，而是为自己的软弱感到羞愧。我不是说过是我自作自受，与人无尤吗？我发誓，我不会再用"旁门左道"，我要靠自己独立生活，堂堂正正地面对自己。其后，我迷路过，也跌倒过，但最终我却成了最熟悉这校园的留学生。

爸爸，来到澳大利亚之后，我才亲身感受到什么是思乡之情。每逢佳节，我尤其想家，但我不会认输，我要积极奋斗，不能就此放弃，我会坚持下去，直至完成中学和大学的课程为止。不错，我最初确实想得非常完美，但与此同时，我的内心深处却不自觉地警惕起来，我总觉得命运即将要跟我开个不怀好意的玩笑。也许这么久远的回忆您早就遗忘了吧？

反正这些都是不堪回首的记忆，您又怎会在意？不要紧的，让我下次再为您把故事继续说下去，好吗？

虽然今天并非中秋佳节，但今晚的月色分外皎洁。但愿我们能在美丽月亮的映照下入眠。爸爸，期待您今晚能入女儿的梦，与我共同欣赏这个雨后的美丽夜空。晚安了，爸爸。

女儿欣欣敬上
写于二〇二一年四月

四

难以忘怀的伤痛

亲爱的爸爸：

您好吗？最近，我真的学会了将思念之情化为正能量，也希望继续积极地实践下去，反正不论快乐不快乐，日子还是要过的，与其愁容满面地虚度光阴，不如敞开怀抱，自由自在地潇洒走一回吧！

爸爸，您还记得我们在澳大利亚的时候曾经住在哪儿吗？对了，我们曾经住在悉尼市区的一间小公寓里。而我当时的学校则坐落于偏僻的郊区丛林中。那儿人迹罕至，但茂密的树木和百花争妍的美景却随处可见，置身于那远离喧嚣的寂静中，我也应该会变得格外的超凡脱俗吧！可惜，当时的我就像一个迷路的女孩，心中只有困惑和不安，又怎会有闲情去欣赏沿途的美妙风光？

记得有一次，我和玫瑰竟然同时发起高烧来。宿舍管理员知道了，便在吃早餐之后把我们送回睡房里休息。中午的时候，厨师给我们送来杂菜汤和忌廉蘑菇意粉作午餐。我们原本因为身体不适而不愿进食，但又不想辜负厨师阿姨的一番好意，故我们只好尽量把食物一口一口地吞下去了。爸爸，当时的我真的觉得这间学校的照顾和安排都很贴心，不过，原来这贴心的对待，从来并非一视同仁。这实在与人无关，一切只能怪我这黛玉般的身子，总被疾病缠绕，没办法，这就是手术的后遗症了。不论是抗病药物，又或是麻醉药的注射，都会带来一定副作用，当年我已经听医生说过几百次，又岂会不知道呢？爸爸，您和妈妈不想让我到澳大利亚念书一定是考虑到这一点吧！我又怎会不明白？但生活总要过，我也只能坚强地撑过去了。

仍然记得在那无数个孤独而漫长的中午，我只懂得在病榻中默默祷告着，但愿厨师阿姨今天记得送餐给我，期待着宿舍管理员不会遗忘我，期待着我能得到一丝丝零碎的爱，但我只有一次又一次的失望，最后我明白了，原来只有玫瑰跟我一起生病的时候，我才能被配给一点点的关心。回想当初，不论是被宿舍管理员遗忘在房间，还是我在生病的时候缺乏关心，皆不是一时的遗漏，而是完全的忽略和不屑一顾。我永远无法忘记那个下着雨的中午，我再次因为发烧而不能上课，只好独自留在睡房里温习。忽然从睡房的门缝中传来了熟悉的声音:"这流落异乡的病公主,就是喜欢装出一副可怜相,反正你也没有特别吩咐我去安排送餐,我又何必为此事多费心思呢?"然后宿舍管理员接着说:"您做得很好。总之,我们只需在玫瑰和她偶尔一起生病的时候,才施予她一丝安慰,这样她自然就会感激涕零了,反正我们的资源有限,当然要留给我们本土的学生。"这番话如雷贯耳,她说得对,人离乡贱,我还可以祈求什么呢?

有一次,音乐老师乔修士,选了我和几位同班同学一起组织乐队,去参加校际音乐节,而我们最终获取了优异奖。由于我们是唯一的视障乐队,因而引来南华早报记者的采访,我们的合照还刊登到了报刊上呢!颁奖后,有一位老师突然向我走过来说:"你这向来籍籍无名的留学生,来到我们这里竟然成为《南华早报》的封面人物,这真是太难得了,你这中国娃娃一定要谨记这并非你的功劳,你只是沾了我们的光而已。你明白吗?"我只好苦笑,心中戚戚然,明明被人羞辱了,却只能哑忍,个中的滋味实在是不足为外人道,寄人篱下的孤独情怀恐怕只有天知地知了。

又有一次,科学老师要我们写有关动物的研究报告,还特地带我们到动物园去实地考察。在动物护理员的协助下，我们探访了小袋熊、小绵羊和小蝙蝠等动物，最后，我们来到了小蛇女玛莉的家。这时，科学老师突然问："各位同学，这是小蛇女玛莉，有没有同学希望把她放到自己的脖子上来拍照留念呢？"大家听到老师的问题之后，都连忙使劲摇头，但老师却不理会，并走向我身边对我说："克里斯蒂娜，你们中国人连这点勇气都没有吗？难道你连一条已经被拔掉牙的小眼镜蛇也要害怕吗？"他一边揶揄着，一边对我笑个不停。爸爸，对不起，我知道小蛇即使没有毒牙，也能不费吹灰之力把我活活缠死，但这有关中国人的荣辱尊严，我怎能后退？况且我一直相信只要我们释放出善意，所有的动物一定都能感应得到。其实，这经历根本没什么大不了的，更惊心动魄的场景我不也曾经遇到了吗？爸爸，您还记得某年我们初到澳大利亚旅行的一次历险吗？对了，就是那次我不自量力地想要教训那只袋鼠王的可怕经历。谁叫它明明是那群袋鼠的王，却没有谦逊和仁者的气度，更不顾族群的生死，只懂得自顾自地吃个痛快，于是我决定不再理会它的咆哮和威吓，并开始喂饲他身边较小的袋鼠们。岂料，我的举动惹怒了它，于是它便一边大叫大嚷，一边向我飞扑过来，誓要抢我手中的饲料。由于袋鼠王的体格壮健而巨大，故当它向着小小的我张牙舞爪，并提起它那粗壮的大腿正要朝我踢过来之时，您和妈妈便被它那凶恶的暴君举动吓得三魂不见了七魄似的。幸好，哥哥够机灵，拿起他手上的饲料向袋鼠王炫耀着，并企图分散它的注意力。结果，愚蠢的它受不了引诱，便走向哥哥那边去了，然后，爸爸妈妈便趁机走过来拉开了我，这样我才侥幸躲过了一劫。爸爸，再次提起这件事，是不是仍然会让您感觉畏惧呢？别担心，女儿以后绝对不会硬碰，我已经学乖，懂得智取，不会再轻举妄动了。

我不慌不忙地跟着动物护理员的脚步，向着小蛇女的笼子走过去。一会儿，护理员便把玛莉轻轻地放到我的脖子上，她细长的身子弯弯地垂在我的两肩。我默默观察着她，感觉着她那柔软的皮肤上传来了冰冷的体温。我放下

四　难以忘怀的伤痛

明欣（图左）与哥哥（图右）喂袋鼠

了戒心，还不由自主地伸手去摸摸她的小脑袋，她似乎能看透我的心意，对我突如其来的触碰竟毫不畏惧，反而试着把身子再向我靠近了一点呢！我们的合照就在这愉悦的气氛中被老师拍下来了。

爸爸，那次的经验告诉我，无论是人还是动物，在初生之时都曾经有颗可爱可亲的赤子之心，但经过岁月无情的洗礼后，我们却不自觉地堕入了弱肉强食的陷阱里一时难以抽身，就这样，我们渐渐坚定不移地相信，适者生存才是人生的基本法则。想到这里，同情由此而生，我也不再执着于一时的对与错了。

爸爸，请原谅我没有向您提及我在澳大利亚所经历过的辛酸，但从今天起，我承诺我定会将一切都毫无保留地告诉您。最后，我们约定下次在平行时空中再见吧！

女儿欣欣敬上
写于二〇二一年五月

五

再见了，乔修士

亲爱的爸爸：

您好吗？也许从上次的忆述中，您会感觉我在澳大利亚的日子恐怕只有无奈和孤寂。其实，除了这些片段，我也有过许多的快乐时光。

还记得我跟您提过的乔修士吗？在学校中，他对我最关爱。记得在一次住宿生的溜冰活动后，所有同学都吵着要到麦当劳去吃晚餐，只有我一个想吃薄饼。我原本以为美梦一定会落空，岂料，乔修士竟然示意同行的宿舍家长带领大伙儿去麦当劳用膳，然后走到我旁边说："好了，孩子，我们现在就去吃薄饼。"我连声叫好，于是他便拉着我的手一起连跑带跳地飞奔到附近的一间薄饼店里。尽管这在普通人的眼中只是一件最平凡不过的事，但我却极为感恩，皆因在澳大利亚留学的日子中，从来都只有我去迁就别人，却没有一个人会特别顾及我的真正感受，我仿佛只是群体中的一个小小的影子，每天无休止地跟随着人群滑行。就这样，原本已经很沉默的我，逐渐变成了一个"哑巴"。不过，自从乔修士出现以后，我的小小世界中却起了翻天覆地的变化。

乔修士是我的音乐老师，看上去他只有五十岁左右。他的体格健壮，声音响亮，性格也很爽朗。他亲身见证着我在留学生涯中所经历过的苦难，因而特别疼惜我。乔修士知道孤僻的我不太喜欢说话，所以他常常故意对我开玩笑说："孩子，你实在太喜欢讲话了。"其实，他是希望我能多说几句话呢！每天，他都会静静地陪着我在校园的青草地上散步，偶尔，他也会一边弹吉他，一边唱歌给我听，有时候，他还会说些笑话来逗我开心。总之，有同学欺负我，他会来拯救我，当我感觉快乐的时候，他也会发出会心微笑。乔修士就是用这种方式来守护我的。

仍然记得那天，我和玫瑰刚刚放学。我们正要穿过走廊回到睡房的时候，

明欣与小绵羊合照

乔修士忽然出现在我们的面前,说:"你们先把书包放回睡房里去,然后换件好看的衣服,再出来客厅等我吧。"

我们大惑不解地看着他,心中充满疑问,但只懂得乖乖点头,二话不说便咚咚咚地急步走回睡房了。不消十分钟,我们便再一次在走回客厅的途中遇见了乔修士。好奇的玫瑰终于忍不住问他:"我们要到哪儿去啊?"乔修士不慌不忙地回答说:"我们现在就到悉尼歌剧院去看《歌剧魅影》首场表演好吗?"听到这个喜出望外的消息,我实在不禁又笑又跳。爸爸,您知道吗?为了要看《歌剧魅影》的首场演出,我不知道已经期待了多少个夜晚,谁也猜不到,此刻的我竟然能美梦成真呢!那晚,我们三个人坐在悉尼歌剧院的中间位置,居高临下地欣赏着歌剧演员们的精湛演出,实在是妙不可言,老实说,一生中有一次这样的体验,已经太不可思议了。

几天后,班主任通知我校长已在我们十年级的同学当中推荐了几位优异生去接受"融合教育",而我也总算是榜上有名了。我当然明白,这是一所特殊学校,他们能提供的只有七至十年级的课程,视障学生若要继续升学,就必须申请到其他常规中学去接受融合教育。对于这个好消息,我当然应该感到高兴,但我知道自己并非本地生,因而无法享有他们的福利,要在签证到期前有限的时间内找到一所愿意接收我的常规中学就更是难上加难了。

五 再见了,乔修士

毕业礼过后，乔修士和我便拖着缓慢的步伐，绕过长廊，一直走到学校尽头的大闸门旁边。当时，哥哥的四人房车已经来到我们的跟前了。他拉下车窗，跟乔修士打了个招呼。在道别的瞬间，我听到自己说："谢谢您的照顾。再见了，乔修士，您以后要好好保重啊！"他迟疑了半响，然后紧握着我的双手说："好孩子，别难过。我会一直为你祷告，祝愿天上的平安能与你永远同在。"他边说边把车门打开，再把我送上车。终于车门自动关上了，在后视镜中，哥哥只看见乔修士一动也不动地站在原地，依依不舍地目送我们的小房车绝尘而去。刹那间，我感到从未有过的彷徨，没有了乔修士的守护，我就只能回到孤寂的世界中去迎接未知的将来了。这时，我想起了诗人王勃的一首诗，其中两句是这样写的："海内存知己，天涯若比邻。"对了，只要四海之内还有乔修士这亦师亦友的知己，就算相隔万里，我们都像在彼此的身边一样。

爸爸，事情后续的发展就如您知道的那样，我和哥哥踏遍了整个新南威尔士州悉尼市，也找不到一所能容纳我的中学。您知道最绝望的是什么吗？最绝望的就是我们明明在好几所学校都曾经发现有失明学生和导盲犬的踪影，但校方却矢口否认，更不肯接受我的入学申请。随着我的学生签证即将到期，我也只能决定离开澳大利亚了。对了，该走的时候就要转身走了，再不甘心也不能回头了。爸爸，您向来都要

五 再见了，乔修士

爸爸（图左）、妈妈（图中）及明欣（图右）在澳大利亚旅行合照

我们活得不卑不亢，我又岂能忘记您的教诲？况且寄人篱下的日子我也受够了，是时候回到香港了。离别在即，心中千言万语却不知道从何说起，唯有叮嘱哥哥要好好保重自己，并祝福他早日衣锦还乡。

在飞机上，我再一次回忆起我在澳大利亚的点点滴滴。无论是抱着小绵羊在牧场中穿梭的画面，还是喂饲袋鼠群的有趣经历，以及我和乔修士在草地上散步的情境，都像映画般一幕一幕地在我的脑海中浮现。然而，往事只能回味，我们必须重新出发。

爸爸，不知不觉，我又写到了凌晨时分，也是时候睡觉了。爸爸，晚安。只要您每晚都能安然入睡，女儿就心满意足了。

女儿欣欣敬上

写于二〇二一年六月

六

重新出发

亲爱的爸爸：

您好吗？人人都说自己失去了太多，但其实失去又何尝不是一种得到呢？

您还记得那个刚从澳大利亚回港的我吗？对了，那个背着书包，穿着破旧白衬衫和黑裤子，脸上挂着一副摔破了一面镜片的平光眼镜，看上去萎靡不振的，就是我了。也许当您和妈妈第一眼看到我的时候，也不禁叹息吧？别为我难过，一切的苦果都是我自找的。老实说，我早就应该向您和妈妈忏悔了。您知道我为什么要到澳大利亚念书吗？原因只有一个，就是我要逃避香港的中学会考。我以为真的可以一走了之，结果这匹脱了缰绳的小马，即使耗尽了全身的力气向前奔腾，以为自己已经逃脱了命运的束缚，却发现自己原来一直在原地踏步。难道这就是我的命运吗？就算一切真的早有定数，我也不会认命，我要改变命运，更要凭着坚定的毅力和意志力去摆脱命运的枷锁。

经过了一个月的奔走和考试，终于有一所著名的女子中学——英华女学校答应接受我的入学申请。虽然我的入学考试成绩不甚理想，但仁慈的马校长却不以为意，她认为一次考试，根本不足以用来评价学生一生的成就，故她仍然坚持给我一个学期的试读机会。我衷心感激她接受我为英华女学校的第一位失明学生。彼时彼刻，我立下了一个誓言，无论前路有多崎岖，我在上学期都要赶上同班同学的进度。爸爸，其实当时我的压力实在极为沉重。试想想，假如英华女学校的校长在接收第一位失明学生的过程中便遭遇严重的挫败，那么后续她还有信心接受心光盲人学校学妹们的入学申请吗？这恐怕不太可能了。因此，为了不让校长失望，也不给学妹们留下不好的影响，我这次实在是只许成功，不许失败了。不过，一切说起来容易，但实行起来就好比攀登珠穆朗玛峰那么困难。爸爸，您要知道，当时能提供失明学生点字课本的机构就只有香港盲人辅导会一个，这机构若要同时为几百位正就读于常规学校的融合教育学生提供他们所需课本的话，轮候的时间一定相应较长。因此，我们已经知道，即使到了开学的时候，也未必有一本教科书去应付课堂所需。不过，还算幸运，每位在常规学校就读的特殊学生，我们的母校都会派遣一位资源老师为该学生各方面的需求提供支援及协助。母校这么贴心的安排，确实令我安心了很多。

为了让我比较轻松地适应学校的运作和跟上学习的进度，我最终被安排重读中学三年级。其实，对于我来说，要重读中学四年级也好，中学三年级也罢，总之，可以继续学业，我就心满意足了。我唯一担心的就是有关功课转译和运送的繁复工序。可不是吗？我正就读的，是一所常规中学，这里的老师并没有受过特殊教育的培训，所以全都不懂阅读点字。假若我要交功课，就必须劳驾妈妈先把我的点字功课交给资源老师去转译成普通文字，然后再请妈妈送回学校帮我转交各科的老师。就这样每天都要妈妈为我奔波劳碌，有时候遇到考试的季节，还要她多往来几次！真是难为妈妈了啊！所以，我对自己说，一人读书，全家一起成就，我再辛苦都要咬紧牙关坚持到底，否则我又怎能对得起供我读书的您和为我殚精竭虑的妈妈呢？

开学后，如我预期的一样，那些点字课本赶不及送到我的手上来，而我也只好一边听老师讲解课文，一边用录音笔把老师的教学内容记录下来，以便整理好自己的笔记。可惜，没有课本的我，始终无法温故知新，加上开学后的三个星期内，我们就要应付默写，接下来就是各科的小测

六 重新出发

明欣在英华女学校生活照

验和决定我去留的上学期考试了。想到这里，我的神经都绷紧了，肠胃也开始不停地抽搐起来，胃酸倒流的情况也变得越来越严重。长时间的肠胃焦虑症，令我异常困扰。平日一星期都可以如常地上课，最后却变成了，每星期都起码要请一天病假。

爸爸，这件事您和妈妈一直都看在眼里，但为了不再给我添加无形的负担，您只好默不作声，静静地陪着我渡过难关。每天晚上，我做完功课之后，都要听着录音笔，一边将内容抄写成笔记，一边把学到的内容温习一遍又一遍，直至夜深人静之时，我才能入眠，然后睡不到几小时，又要回学校上课。但就是因为大家已经为我付出了太多，我才一定要取得最后胜利。我要让给我机会的，为我不惜一切地奉献的，皆感到安慰。就让我们把眼泪化为动力吧，我相信我们最终定能看见希望。

爸爸，您常常说，在中学时候的友谊最珍贵，皆因他们往往会成为你一生的知己。我觉得这话很有道理。回顾当年我在英华的日子，实在有赖几位同学给我补习功课，我才能在短期内赶上同学们的进度。爸爸，您还记得那次我迫不得已要抱病回校应付测验吗？回想起那段经历，真是惊险万分。原来一边忍着肠胃抽搐的剧痛，一边思考考题，是很大的煎熬。但皇天不负有心人，我那次的测验分数还算理想。您知道吗？其实，在完成测验之后，我真的痛得快昏过去了。但是，我还要庆幸在这关键的时刻，我的一位好同学竟然不顾一切地朝我这边直奔过来，并紧紧地搀扶着我。多亏她及时向我伸出援手，我才不至于昏倒在地。

又过了几个星期，终于有一天，我的课本全都到齐了，这实在令我又感恩又安心。我连忙顺着笔记的次序重读课文内容。最令我感动的是，原来在我缺席的日子里，我班上的同学们每天都为我抄笔记，这使我能放心去面对考试。俗语说得好，只要你不放弃，即使所有的门都关上了，你也总会发现有一扇窗正在为你打开。

　　爸爸，也许您已经忘记接下来的故事情节了吧，就请您静待我的下回分解好了。爸爸，今天是您离开我们的四周年纪念日，我们仍然思念着您。您呢？您是不是也同样地牵挂着我们呢？

女儿欣欣敬上

写于二〇二一年七月十五日

农历六月初六

七

转瞬即逝的缘分

亲爱的爸爸：

　　您好吗？最近，我在收拾和整理东西的时候，无意中找回一本纪念册。这本纪念册记载了当年我们英华毕业班同学的心声，现在翻开来看，一切曾经发生过的动人片段，都依然历历在目，原来某些事，某些情，虽然已经过了数十个寒暑，但在我们的记忆中却始终不能磨灭。

　　缘分就像及时而来的雨水，不但能滋润干枯的心田，也能为世间带来希望。尽管它停留的时间只是短短的一瞬间，却给我们留下了深刻的印记。缘分又恍如掠过夜空的流星之碎片，耗尽它最后的一点光辉后，便散落于浩瀚宇宙的深处。也许它的美只是昙花一现，但它曾经为世间带来的璀璨光芒却永远令人怀念。

　　爸爸，您想起来了吗？我在英华女学校试读的上学期中,考试和总平均分到底最终能否达到校方的基本要求呢?您猜对了,我很高兴地告诉您,我还算是不负众望吧。经过一场激烈的自我竞赛后,我终于得偿所愿,名正言顺地成为英华女学校的一分子。

记得在中学四年级的时候,我选读了中国文学班。当时我认识了很多新朋友,其中一位叫梦梦。梦梦是我邻座的同学,她常常给人一种迷迷糊糊的感觉,就是因为这样,班上很多同学喜欢在她背后说她坏话,笑她笨,甚至对她指指点点,完全不理会她的感受。不过,梦梦却依然故我,对于那些指责和批评,她似乎都毫不在意。爸爸,也许梦梦是对的,每个人都有适合自己的生活态度,只要不打扰别人,我又为何不能做自己呢?

还记得在那次文学课堂里,老师要我们分组做功课,内容是要选择一首自己喜爱的歌曲,填上中文歌词,然后把重新填上的歌词演唱出来并录音,将成品呈交老师即可。这真是很有趣的一份功课啊!由于在所有同学之中梦梦跟我最投缘,加上她又坐在我的身边,于是我们二人便理所当然地成为一组。

当时的女孩子都着迷日剧,梦梦也不例外。一天,她提议用酒井法子的《碧绿色的兔子》这首歌来填新词,我听后也表示同意。梦梦是个开朗的女孩,她平日爱看动画,尤其对宫崎骏导演的卡通动画情有独钟。所以经过讨论之后，我们便一致决定以和平为主题，并开始埋头苦干。我们依照原曲的歌谱，一句一句地填上新的中文歌词。完成作品后，我就一边播放《碧绿色的兔子》的背景音乐，一边配合新词演唱出来，而梦梦就负责替我录音。爸爸，您知道吗？虽然这是我们第一次的作品，但却意想不到地得到了老师的热切赞赏，还在班上播放出来供同学欣赏呢！爸爸，您知道吗？当我们听到老师在讲台上播出第一首歌曲的时候，我和梦梦的心也不知不觉地剧烈跳动起来，原来我们竟能凭着这首新词，成为全班得分最高的组别呢！爸爸，我们总算没有白费心思。原以为这次的成功可以为梦梦带来盼望，可惜，人生无常，在一年后的某天，梦梦因为一场车祸而丧生，当时她恐怕只有十六岁。

　　爸爸，虽然我和梦梦只拥有转瞬即逝的缘分，但我知道我永远不会忘记她。也许她只是一颗流星，在特定的时空中与我擦身而过；也许她是一道彩虹，于暴雨后奇迹般在我的头上掠过。但她留给我的美好回忆，却值得我用一生来回味。梦梦，你是天空最美丽的云彩，你是炎热夏季吹来的一阵微风，有你的地方，四处总会洋溢着笑声，有你的日子，每天都会是晴天。听说人去世后，他们的灵魂会化为一颗星星，照耀世间他们最爱的人。但愿你在天上也能成为最明亮的一颗星星，永远闪闪发亮。

春去夏至，秋尽冬来，生命就是这样周而复始，来去匆匆。无论你喜欢也好，不喜欢也好，你都只能看着一个又一个的家人和亲朋好友，无情地离你而去。尽管最终他们可能来不及为我们留下只言片语，但这又怎样呢？毕竟我们也曾经相遇过，珍惜过，期待过，这不是已经值得感恩了吗？假若我们一定要执着于某些未完成的心愿，以及未做到的目标，那么在我们短暂的人生旅程终结之时，恐怕就只剩下遗憾了。

爸爸，您说得对，人要学会随缘，该走的时候就要转身走，到了必须放手的时候，我们便不能再强求。这个道理我们一早就明白。因此，在您的生命无法逆转的时候，我们并没有嚎哭，也没有失声呼叫，更没有勉强把您留下来，我们只是安静地陪伴在您左右，默默地让您走。爸爸，您用一生来照顾我们，更耗尽了您的最后一口气来守护这个家。您已经为我们付出太多了，这次就让我们为您做这么一点小事好吗？只要能让您了无牵挂地离开尘世，再悲痛我们也愿意承受。我知道生死并不可能将您和我们分开，我相信，只要我们彼此之间仍然有着缘分为我们牵引，最后我们还是会有重逢的一天。就让那思念的眼泪在心里流，但愿它最终能化为雨水，润泽世间。

月儿弯弯月儿圆，悲欢离合要随缘。

花开花落非偶然，何必孤苦暗自怜。

人生几许如人意，费煞思量也枉然。

爸爸，如果可以，我真的极其盼望能从童年开始一直为您讲故事，说到我生命终结的最后一刻，并带着即将能与您相见的渴望闭上眼睛，然后潇洒地向世间含笑说再见。为了达到这个目标，我会继续给你写信。但愿爸爸每天都能在遥远的国度里活得安乐自在，美满幸福，更愿您天天都期待着我的来信。

女儿欣欣敬上
写于二〇二一年八月

八

破釜沉舟的力量

亲爱的爸爸：

您好吗？很高兴又可以再次和您一起忆述我们的故事。

人生到底是苦是甜呢？答案恐怕每个人都不一样吧！当人生的风帆顺风顺水之时，我们当然会说人生是甜甜的；反之，每当我们陷于困境，我们就会肯定地回答说人生是苦的。爸爸，我认为，人生是甜中带苦，而苦中又带着甘甜滋味的。

记得从澳大利亚回来后，我开始思考很多人生的问题，譬如，勇于求胜的我为何突然觉得筋疲力竭？然而这个问题在我进入英华女校读书之后，却自然地迎刃而解了。

爸爸，我不得不承认，能够成为英华女校的一分子，确实是我一生中最光荣的时刻。我感恩老师们的悉心栽培，更感恩同学们对我的照顾和友爱。虽然我们只是一起经历了三个寒暑，但过程中的辛酸和喜悦，都是我们最珍惜的回忆。回想当年，同学们为了争取好成绩，在会考前废寝忘食，只有我一个人最清闲。爸爸，我也曾扪心自问，我是不是真的已经尽全力去应付会考，但经历了无数起伏之后，我不能不承认我已失去了争强好胜之心。我开始问自己，争胜是为了什么？是为了继续留在英华念书，还是争取好成绩考入大学？难道我们就只有一条路可以走吗？俗话说得好，"穷途未必是末路"，而且"条条大路通罗马"，我相信凭着我们的信念和坚毅的精神，在任何的困境中，我们都能找到出路。也许是因为学佛，我改变了不少，不但放下了跟别人较劲的心，也彻底放下了得失心。就这样，当成绩公布之后，我的心情并没有太大的动荡，情绪也相对较平稳。

爸爸，我们谁也不能否定命运的存在。我因为命运和条件，只能考五科，其中包括语文、英语、经济、中国文学和中国历史，而且每科考试时间有限制，有些科目的试题我根本无法全部完成。但在各方面都未能如愿的情况下，我仍然能达到五科及格的基本门槛，已经心满意足了。为了能在原校升学，我的副校长和班主任也劝我重读中五，重新会考。然而，经过了澳大利亚一役，我开始明白，既然制度和条件都不能改变，那么即使我再读几年，也难以有更好的结果。所以，权衡之后，我还是决定离开英华这个温室，到外面的世界去闯荡闯荡。

由于我的成绩达到了某所大学音乐系的基本招生要求，我便尝试上门去应征。然而，在没有面试之前，我就已经被拒之门外。回复很简单，他们从没有教过失明学生。可是我仍然不死心，怀着一丝的希望，到另外一所艺术学院报读声乐课程。即使在第一轮面试中，我凭着一首意大利民歌取得了高分，令考官们叹为观止。可是，结果没有改变，最终校方因为找不到点字音乐乐谱而决定拒绝我的入学申请。经过两次挫败后，我的声乐老师告诉我："如果一般的平路不能走，我们就掘地爬墙跨过去吧。"爸爸，您知

八 破釜沉舟的力量

明欣表演照

道老师的意思是什么吗？对，既然寻常路不能走，我们就拿出破釜沉舟的力量去改变命运！我坚信只要我凭着毅力和才能，定能跟随老师的指引，在每个比赛中赢得所有观众的掌声。爸爸，有您的支持，我知道我一定会成功。

我有我必须要做的事，觉得求取知识不只是为了升学，考大学更不是我的唯一出路。我有我的梦想要实现，也希望凭着自己的毅力和勇气来迎接挑战，然后跟同路人一起冲线。

记得八岁的时候，我曾立下成为作家的志愿，我希望能用文字为世间增添些色彩和正能量。现在长大了，视野宽阔了，志愿也不期然地升华了一些。回想当年，实在多得班主任——杨老师的鼓励。他一直勉励我，说我的中文作文能力最强，不但能在会考中取得A1等级的优异成绩，而且文章还很有风格。每每在我心灰失意或跌倒欠缺力气重新站起来之时，耳畔都会响起班主任当年的这番话，于是得到激励的我，就能再一次鼓起勇气继续前行。

爸爸，我的路，从来不好走，但总有您和妈妈在身边给予力量，为我的苦旅添了几分甘甜。我更感恩沿途的磨炼和难关，以及一切的咒骂和唾弃，这些都是我一生中最美丽的风光。今天是中秋节，欣欣祝愿家家户户都能人月两团圆，更愿爸爸节日快乐。生死斩不断亲情，距离阻隔不了挂牵。尽管世间难以尽如人意，也愿我们能在不同的天空下，一起赏月。

　　　　　　　　　女儿欣欣敬上
　　　　　　　写于二〇二一年九月二十一日
　　　　　　　　农历八月十五中秋节

九

共融的真意

亲爱的爸爸：

您好吗？女儿相信您在遥远的国度里，一定能活得更幸福、更自在。也许现在的香港，已经不再是您认识的香港了。一波又一波的疫情，令香港这个城市面临着各样的冲击。幸好，我们有国家做我们的最强后盾，令我们这颗东方之珠，在逆境中仍能闪耀着光芒。

爸爸，我感恩自己生于一个爱国爱港的家庭，加上自小就研习中国历史，我对于中国从古至今的经历，有基本的认识。当然，我实在无法忘记我在澳大利亚受过的歧视和不公平待遇，作为一个中国人，实在难以释怀。我本无分别心，原以为付出了百分之百的努力，就一定会得到成果。然而，在澳大利亚念书的时候，我好像突然变成了一只过街老鼠，每天过着朝不保夕的日子，很想就此放弃，但又心有不甘。当时，我对自己说，中国的儿女不怕受苦，只要我们能咬紧牙关挨过去，就一定能拨开云雾见青天。上天总是怜悯我的，在绝境之时，我总能看到一线光，它让我能在逆境中奋起。然而，当我正想松一口气，回头看看沿途风光的时候，小路的尽头却又出现了一个巨大的烦恼之网。爸爸，这就是命运吗？也许是吧！难怪您和妈妈当时都一致反对我到澳大利亚升学。

最近，由于各种原因，很多香港人相继离开了香港，到其他城市生活。然而，水土不服，人离乡贱，又或者是受尽欺压等情况，却每天都在我脑海中上演。逃避从来不是良方，建立一个能让我们安身立命之所是可行的，但必须基于互助互爱的原则，如此方能实现人人安居乐业的理想。有了基本原则之后，我们就要摒弃自私和比较的旧思想，以和谐的狮子山精神，群策群力，贡献所长。

爸爸，话说回来，自我从英华毕业之后，我就展开了一个不一样的人生。我试过于绝路中掘地而行，也尝尽了世间的称、讥、毁、誉、利、衰、苦、乐，虽不能完全不为"八风"所动，但已经开始慢慢看破其中的义理了。爸爸，您记得吗？从前人家称赞我的时候，我就顿时感觉自己飞上枝头变成凤凰了，那轻飘飘的陶醉和迷失，使我好像置身于幻境，难以抽离。爸爸说的戒骄戒躁，令沉迷幻梦的我重新回到现实之中。我记得，小时候，无论我的成绩多么优异，拿了多少次一百分，您和妈妈都不会称赞我，只会说人外有人，天外有天。后来，我获得了多个音乐奖项，更赢得了社会人士的认同，当我有了自己的音乐教室和学生之时，您和妈妈却依然没有给予赞许，只是向我报以一个会心的微笑。我记得在二〇〇八年，我获选为香港十大杰出青年。当时，所有的亲友都向我送上祝贺。然而，您却没有到场为我喝彩，只是如常地工作。那个时候，我不明所以，我甚至抱怨过您根本不在乎我的一切。不过，有一次，我听到您跟好朋友在电话中说："我的女儿很优秀，小小年纪，就已经成为杰出青年。但我不想她骄傲，故只能默默地为她高兴。"爸爸，对不起，您从来都为我着想，我明明只是做了一两件好事，就迫不及待非得向全世界宣布不可。多不懂事的黄毛丫头啊！对于您的苦心，我竟然一无所知，真是岂有此理！从此以后，我开始探究"八风"吹不动的方法和义理，到现在，也总算有所领悟了。不过，要做到不为"八风"所动，依然需要下点苦功夫，才能有更深的体会和感悟。

记得在二〇一五年，我们举办了首个"心之泉源"慈善音乐会。为了筹募经费，我们都吃尽了苦头，但是最终成就了一个"不分国界，不论伤健，不问过去"的真正共融音乐会,更见证着一个又一个不可能的发生。当晚不论是学生们的演出,还是观众的热烈欢呼,都令我感动得掉下泪来。不过,有一件事是爸爸您不知道的,就是当晚您的大驾光临,给予了女儿无穷无尽的力量!爸爸,我终于明白了,原来当女儿事业有成的时候,您怕我自满,故只会在心中默默地给我送上祝福。然而,当我全心付出的时候,哪怕微薄的奉献只如一丝烛光,爸爸却依然会为它曾经尽全力发光发热而鼓掌。对,就算是火柴人又怎样?燃烧耗尽之后消失又怎样?我们也至少在世间灿烂地照耀过。即使一刹那的光辉并不是永恒,但被燃亮过的,一定可以为世界带来光明。这就好比我们的艺术家一样,哪怕他们身体上有着各种的伤残和不便,但他们听不到又如何,看不见、走不动又怎样?他们也最终赢得了观众热烈的掌声。观众之所以喝彩,是因为欣赏他们的毅力和超卓的才华,而并非出于同情和怜悯。在舞台这个战场上,艺术家们就像屹立不倒的战士,受人景仰。爸爸,伤残与健全不在于一个人的外在,而在于内心。假若我们不能明辨是非,不懂感恩,更不曾贡献过一分一毫,那么无论看上去有多健全,也只不过是一个千疮百孔的伤残人士。如果为人光明磊落,又懂得爱国爱家,能舍己为人,更能用心看世界,哪怕失明,身体不健全,抑或是听不到,也依然

九 共融的真意

是人格健全的典范，更是最值得社会人士仰望的焦点。爸爸，您认同吗？盲聋哑或肢体不健全只不过是一种特征而已，这些特征与高矮胖瘦毫无分别。美貌会随着年龄蜕变，健康也会随着岁月的磨炼和煎熬而慢慢被蚕食，这无疑是每一生命个体必须接受的自然法则。既然如此，那我们又何必因为刹那间的荣耀和光辉而沾沾自喜呢？与其浪费时间去探究彼此有什么不同之处，何不互相取长补短，共建一个和谐的社会？这是狮子山精神，更是世界大同、万物向往的真正共融新境界。爸爸，伤健从来未能共融，皆因当中仍然存在着你强我弱的对比。彩虹之所以美丽，是因为我们的肉眼没有尝试区分某种类型的色彩，而是专注于检视彩虹的本体，这跟真正共融的理念相同。不过，要大众摆脱原有伤健共融的观念并不容易，因为这是人们长久以来所形成的观念。若要取代它，我们就必须以愚公移山的精神去改变现有的观念和局限。爸爸，为了这个目标，二〇一八年，我们又写下了"心之泉源"慈善音乐会的延续篇，并再一次通过不同能力的艺术家和更生艺术家的演出去宣传真正共融的精神和意义。即使音乐会好评如潮，人人都赞口不绝，然而，您却无法参与其中了。这对于我而言，的确是一个遗憾。毕竟这场音乐会我们原先计划是在二〇一七年举行的。可是，当时您的病情突然告急，为

九 共融的真意

明欣表演照

免抱憾终生，我还是决定将音乐会延期举行，并于您的床前，陪伴您走完最后的一段路。记得您说过，如果您可以康复，就一定会到场来支持我们。无奈事与愿违，您最终还是先到极乐世界了。纵使我们万分不舍，也依然选择笑着为您送别。我相信，在遥远的国度里，您依然会看到我们的精彩演出，更能听到女儿为爸爸唱出这首动人的歌曲——《但愿人长久》。此刻，我很想跟您分享音乐会那晚台上司仪和主礼嘉宾们引领全场观众读出的梦想成真宣言：

愿世间回复平静，心声能再次相应，
愿海也可以倾听，天与地皆能动情。
愿星星为我作证，我等必日夜兼程，

平行时空下的约定

梦想成真宣言

愚公移山地完成，突破试炼无止境。

万马飞驰追日月，千鹤昂然迎霜雪，
绝境之中也随缘，渺渺晴空见清泉。

伤健并不是共融，艺术里存在认同，
不分别才能包容，和乐乐韵妙无穷。
朋友愿您能感应，撩动心中那热情，
留下来直到尾声，给予我最大共鸣。

　　这是我们的梦想成真宣言，是女儿花了整整几晚的时间才完成的作品。您知道吗？当时，台前幕后的观众、嘉

九　共融的真意

音乐会动人大合唱

宾和演出者的人数加起来，恐怕就只有六百多位，但宣言听起来的感觉却好比万人大合唱那么慷慨激昂。爸爸，女儿真的很想告诉您，无论路途有多崎岖，到达终点有多艰难，我都会尽力地燃烧自己，照亮别人。但愿您在遥远的国度里，仍然能听见女儿每天都在哼着的这一首共融之歌。有限的生命，可以活出无限的意义。唯愿艺术家们不灭的共融之火，能在漆黑中闪烁着耀眼的光芒。爸爸，请您为我们送上永恒的祝福和盼望，好吗？让我们得到力量，继续勇敢地奔向前方。

女儿欣欣敬上
写于二〇二二年三月十四日

十

如何潇洒说再见？

亲爱的爸爸：

您好，说到生死这个主题，人人都避之则吉。但是，站在这个人人都必须面对的课题前，我们应该如何正确地体会和理解呢？也许我们要用一生去学习的，就是怎样能真切地面对死亡。

爸爸，还记得吗？小时候，我最怕的就是跟妈妈到街市买菜。我每每听到鸡鸭鹅等动物在被杀害之时所发出的惨叫声，就立刻感到心如刀割。在八岁的时候，我曾在表姐家小住了几天，看到她们家饲养的其中一只小鸡突然死了，我就忍不住和二表姐哭成一团。我们还特地为小鸡做了个棺木，希望它能安息。爸爸，您知道吗？我们两个小丫头哭得死去活来之际，大表姐竟然对我们说："你们哭什么？你们太愚蠢了，怎能这么轻易就付出眼泪呢？"听到这番话，我不由得在心里呐喊着，难道小鸡的生命不是生命吗？为了它哭，又有什么愚蠢不愚蠢呢！我默默地想，如果成长是用冷酷无情换来的，那我就宁愿永远不长大了。

其实，不论是我在留学澳大利亚的时候养的小狗冬冬，还是从小看着它成长直至老死的"小毛孩"心心，它们的死亡都令我痛不欲生。爸爸，每一次死亡，我都是如此这般震撼，如此这般伤感，我不禁悄悄问自己，我该如何潇洒地跟它们说再见？

二〇〇八年四月三十日，这是一个我们永志不忘的日子。那天，我们至爱的婆婆突然离我们而去了。我仍然清楚记得她的拥抱，她的慈爱，更记得她曾经给予过孩子们的疼爱和照顾。当时，我正准备演唱会的预演。回想预演的一星期前，婆婆的病情忽然急转直下，我情理上知道她很痛苦，让她离开对她来说或许是最好的解脱。然而，自

十 如何潇洒说再见？

明欣（图左）与婆婆（图右）合照

私的我，竟然不停地在她耳边请求她继续支撑下去。爸爸，就这样，婆婆又忍受了一个星期的折磨。该死的我，怎能请求昏迷中的婆婆为我坚持下去呢？难道我要用这种残忍的方式去报答婆婆对我的爱吗？

在四月二十九日，我又拖着疲倦的身躯，跟妈妈一起到安老院探望婆婆。我们默默地看着她，只见她皮黄骨瘦，面容煞白，整个嘴巴里都是溃疡和口疮。即使她看似无意识地躺在床上，但当我们紧握她的手之时，她竟然用力地紧握了几下。我们知道，她感觉到了我们的触碰，更能听到我们的说话。终于，我明白了，不能再自私了！是时候要放手了！于是我长长地、深深地呼吸了一下，然后悄悄对婆婆说："对不起，婆婆，我令您受苦了。别担心，欣欣已经长大了，懂得照顾自己，您就安心走吧！我们永远都爱您。"爸爸，之后就如您所知道的那样，婆婆在四月三十日便与世长辞了。虽然我很伤心，但这一次我觉得自己比之前做得好了一点，我至少明白了在不能逆转的生命之前，我们真的不能再拖泥带水了，该放手的时候就应该放手。虽然我觉得自己还算有一点进步，但却依然不停地怪责自己，怪责自己太过软弱，竟然要婆婆多承受一个星期的不必要痛楚。

我们这些凡夫俗子的愚昧无知，往往会害了自己，更

十 如何潇洒说再见？

婆婆生活照

苦了身边的至亲好友。"不舍"两个字，更令我们跌入深层次的矛盾之中。对，我们经常会希望在生死的边缘中，有奇迹出现。这握不紧的渴望，世人都曾有过。世人已经历了无数次的生离死别之痛，却依然贪生怕死。如此一来，我们如何潇洒地和至亲好友说再见呢？

再一次面对死亡，是在二〇一〇年，师公上圣下一老和尚逝世之时。爸爸，我知道您非常尊敬师公他老人家，经常说他慈悲又有智慧，是一位拥有高尚品德的人。爸爸，您知道吗？其实，您女儿是个伪装者。由于不想让别人知道我的心理状态，我总是喜欢以笑容去掩饰我内心的荒凉和不为人知的心事。一直以来，我都觉得自己做得很好，直到师公的出现，我才知道原来我引以为傲的伪装功夫，在他看来，只不过是雕虫小技而已。对，他一眼就能看穿我内心的苦恼和恐惧。然而，他的慈爱，令我开始有勇气看清楚真正的自己，我不会再逃避现实了。毋庸置疑，他是第一位愿意走进我内心去了解我的人，也是第一位给我力量，使我能排除万难，勇敢地面对自己的人。欣欣感恩曾经遇上了师公，更感激他曾赐予我的指引，使我这棵幼苗能在暴风雨中迎难而上。可是，在经历了一次又一次生死别离的无情洗礼后，我心中实在积累了太多没有处理好的悲哀情绪，于是在他离世后，一切的郁结和绝望便一触即发，我再一次陷入迷惘和困顿之中，完全走不出来。当时的我，就像一只还不懂振翅飞翔的小鸟，从树上的巢穴中忽然坠落在地上，很想展翅高飞回到温暖的鸟巢中，却掌握不到飞翔的技巧和本领。我悄悄问自己，以后我应该如何看待生死呢？我又怎样才可以和至亲好友潇洒地说再见呢？

最近，疫症肆虐，确诊数字激增。有些患者无声无息地就与世长辞了。然而，死神不会提早发电报通知亡者，以致亡者来不及跟亲友们说再见。这无法道别的伤感，只能永恒地埋藏于每位亡者的内心深处。爸爸，难道生命就是如此，总是充满着太多无奈和遗憾？

前天，又发生了不幸的坠机事件，飞机上一百多人遇难。即使搜救人员废寝忘食、夜以继日地去寻找一丝丝的生命迹象。可是，随着黄金抢救四十八小时的过去，找到生还者的可能性已经微乎其微了。我们每天都跟家属、志愿者和搜救人员一起祈祷，祈祷着他们能有生还希望。无奈好消息依然没有到来。亡者再一次来不及说再见，家属再一次面临难以预料的沉痛哀伤。唯愿生者能化悲愤为力量，坚强地活下去，更愿亡者能安息。别难过，即使今天你们不能好好道别，但你们的爱绝不会因为死亡而耗尽，你们的缘分也不会因为死亡而断绝。只要你们依然惦记着你们的至亲好友，那么不论你们身在何方，是生是死，你们的心灵仍能互相感应。对，有生必有死，但死也必定是另一个新的开始。爸爸，我想我已经有所领悟了。人之所以害怕不能及时说再见，只因我们以为这是永别，再不会有重遇的一天。然而，我却深信至爱的离世，只是暂别，他们只是比我们早一步回到老家！只要我们努力不倦地修行，将来跟至爱一定可以再度相见。爸爸，就是这个信念，令我时刻心存盼望，更令我有勇气潇洒跟您说再见。爸爸，请您先走进这时光隧道中，穿越到更美好的世界吧！在时机成熟的时候，请您一定要来迎接我，好让我们能继续我们的时空旅程，好吗？请放心，在我们相遇以前，女儿答应您一定会积极地活下去，并热切期待着再次与您见面的那天的到来。虽然我未能潇洒到笑着送您走，但我知道，如果要您毫无负担地走，我们就要学会适时放开您的手。爸爸，您曾说过辛苦我们在病榻边一直照顾您、守护您。但您可知道，能够守候在爸爸的身边是孩子的最大福气，更是我们唯一可以为您做的事。感恩沿途有您和妈妈的陪伴，我们的世界才会充满欢喜；感恩您成为我们最引以为傲的爸爸，感恩您和妈妈辛勤地为我们建立了这个温暖的家。您和妈妈那毫无保留的爱，就好像天空中最耀眼的太阳，永远照耀着我们的前路，使我们在任何时候都能看到璀璨夺目的光芒。

爸爸，您说过您从不怕死，只是不舍得离开我们罢了。爸爸，死即重生，将来我们定能在更好的世界，以最好的形象相遇。到时候，我们再不会跟您说再见。

女儿欣欣敬上
写于二〇二二年三月二十三日

十一

守护天使

亲爱的爸爸：

您好吗？不知不觉，又到了乍暖还寒的春天了。天气开始飘忽不定。有时候，温暖潮湿，有时候，清风送爽。在那遥远的国度里，天气恐怕稳定很多吧？爸爸，女儿感恩自己仍然活着，也感恩在遥远的国度里，爸爸同样能活得精彩。信念可以改变命运，更能使自己每天都充满希望。

爸爸，小时候，我曾经写过我的志愿就是要成为飞行员，载着我的客人飞越万里无云的晴空，一起去感受生命中的甜酸苦辣，一起去探索成败得失中的寂寞和向往。这确实是一件赏心乐事。不过，后来我失明了，于是很多人便以为我会因为不能实现理想而自卑自怜。然而，我却依然在电脑面前，一字一句地继续编写着我的飞行日志，带着读者们一起横越碧空。对，我常说，实现梦想有很多途径，寒冷的冬天过后，绿草如茵的春天还是会到来的。爸爸，生命就是这么奇妙，当我们拥有正向思维的时候，我们便能拥抱梦想，向着无边无际的天空飞去。

爸爸，如果可以，我真的希望自己的灵魂能变成一只漂流瓶，在茫茫大海中漂流，为世人护送着一个又一个的愿望。如果可以，我宁愿变作一道彩虹，在雨后带给众生色彩缤纷的憧憬和渴望。

爸爸，您喜爱的小说《哈利·波特》，我看过它的电影版，当中林林总总的魔法，令我叹为观止。看完电影，我也开始对魔法产生很多的幻想。如果我可以熟练地运用飞天术、隐身术以及把时间和物件停下来的魔法，那么我就可以在一切的灾难中，把时间停下来，为伤者争取更多获救的可能。如果可以，我真的希望自己能善用这些魔法，悄悄地，不留痕迹地到达深山悬崖中，拯救濒临绝境的动物，好让它们脱离险境。如果可以，我希望能隐形于高速公路中，在害怕巨响的小动物突然狂奔到马路中时，把时间和车辆停下来，然后再带领它们回家。爸爸，也许您会问，为什么我的想法总跟动物有着密切的关联。其实，我有这些念头，完全是因为我想向它们报恩。

曾经，同学之间的冲突和矛盾令我变得孤僻。我开始喜欢独处，也不再跟小朋友们玩耍，更不爱跟他们说话。

因此，我小时候经常被人称为哑女孩。经历了一次又一次的生离死别后，孤独感更充斥了我的整个人生。爸爸，还记得吗？演唱会预演之前，婆婆就离我而去了，与此同时，一直跟我合作无间的乐师在预演后，竟然坚决要辞演，这使当时要准备演唱会的我陷于四面楚歌的境地。这令我感觉到前所未有的彷徨。此后，我不再相信任何人，关于演唱会所要面对的压力和焦虑，我也只能独自去承受了。然而，一次奇妙的偶然，令我慢慢走进了动物的世界，并开始了跟它们深入交流的旅程。

爸爸，对于女儿成长中的改变，您还记得吗？也许您已经忘掉了吧？没关系的，就让我再一次唤醒您的记忆好吗？记得那晚，我正准备睡觉。当我拖着疲乏的身躯爬到床上的时候，我听到一个小小的东西滑落到地上的声音。当时，我的脑海一片空白，只懂得本能地爬回地上去四处摸索。这时，小狗心心好像洞悉到什么似的。她二话不说，便从床上跳了下来，并走到我身边，使劲地摇着尾巴，她脖子上的铃铛也因此发出了叮当叮当的响声。我突然明白了她的意思，连忙用手触摸她的脑袋瓜儿，再从上而下地搜索着。终于我在她的鼻子下找到了那个小东西——发夹。这聪明的小狗，竟然能洞察到我当下的需要，并予以协助。从此，任何时候，有东西掉落到地上，我就会用手拍拍地板，示意心心来帮忙寻找失物。与其给别人添麻烦，不如请心心宝宝给予援手。我觉得这样做很恰当，至少我知道她不会嫌弃我，也随时随地乐于给我指引方向。除此以外，每当我遇上困境，或是感到快乐的时候，都会跟她倾诉。偶尔说到伤心处，我甚至会哭起来，这时候心心就会适时为我舔掉眼泪。有了她的陪伴，我不再焦虑，情绪也变得稳定了很多。爸爸，小动物的世界真是单纯得多，至少在我们的深入联结中，没有背叛和怪责，只有爱和理解。这比起人类世界中的尔虞我诈和钩心斗角，来得纯真得多。

爸爸，您一定认同心心是个神奇宝宝吧？她总有很多方法逗我们开心，不论是传球游戏，还是追逐比赛，她都表现出色。最奇妙的是她懂说话，呼叫妈妈最拿手。她的舞艺精湛，歌声更嘹亮！看来，她真是十项全能啊！有了她，我们一家人都不会寂寞，孤独的我，还因为她的爱而

心心几个月大的时候　　　　　　　心心生活照

再一次敞开紧闭的心灵，重新鼓起勇气向世界出发。

爸爸，您说得对，若要有所成就，就必须经历风浪。正所谓"玉不琢，不成器"，如果我们没有经过千锤百炼，怎能成就一个不一样的人生？在逆境中，只要你不放弃，就一定能找到改变命运的契机。爸爸，我是过来人，难关和困境从小到大都伴我同行，其中的酸楚实在不足为外人道，就算勉强说出来，别人也未必能感同身受。就在这个时候，您看见了吗？我们身边总会出现众多守护天使，他们总能助我们渡过难关。我曾经感觉无助，但上天早已为我打开了一扇窗，好让心心借此闯进我的孤独城堡来。我知道，我不是那种受了加持就能立刻变回公主的野兽，而是需要经过漫长的挣扎，加上守护天使的耐心指引，才能看到自己原本的面貌。感谢心心这位小天使对我不离不弃，更感谢她令我看到了爱的本质，从而让我摆脱自我束缚。即使她完成任务后，已经回到天使的故乡，

明欣与心心生活照

平行时空下的约定

明欣与心心合照

我也依然能活得自由、自信、自爱。

爸爸，也许心心只是我们生命中的一位过客，她随风而来，随雾而去，但她留下的爱和忠诚，永远能振奋人心。爸爸，您也一样，您的守护和正能量，时刻给予我无穷无尽的力量，使我在困恼之时、绝望之时，仍然能看到希望。曾经我也抱怨过，为什么我的守护天使总是来了又走？但现在我总算明白了，也许他们每一位都有自己的任务，当任务完结之时，他们就要回到自己的故乡接受下一项使命了。就这样，生生不息，细水长流。爸爸、心心和各位守护天使们，欣欣答应你们，定以最大的努力，把你们给我的爱和祝福，继续传递下去。终有一天，我也会成为别人的守护天使，将正能量投放到世界的每个角落。

女儿欣欣敬上

写于二〇二二年三月三十一日

十二

回忆堡垒中的巨人

亲爱的爸爸：

您好吗？最近，孩子常常在想，从前您还在我身边的时候，我错过了太多与您共处的机会。可是，后知后觉的我才发现，当您远去后，原来我想讲的，已经来不及说出口了。就让我把全部心声写于每一封信内，我相信，凭借我们缘分的微妙联系，您的心定能与我相应。

爸爸，您知道吗？在每个小孩的心中，都有一座奇妙的宫殿，这就是回忆的堡垒。在这座宫殿里，住着无数沉睡的小精灵和两个巨人。若要把这些沉睡的精灵唤醒，巨人就必须找到相应的魔法钥匙，为它们打开梦幻之门，好让它们苏醒。

在我八岁之前，您是一位慈父，但八岁之后，您却摇身一变，变成了一位严厉的父亲。您总是不断地为孩子设立不同的规矩和开设修养培训课程。首先，尊重长辈是基本，跟长辈打招呼是我们作为孩子必须养成的好习惯。另外，您不容许我们挑食，一切对身体成长有益的，我们都必须好好进食。记得小时候，我和哥哥都不喜欢吃苦瓜，总是将苦瓜放到最后才慢吞吞地用勺子舀起，然后不情不愿地企图塞进肚子里去。然而，好不容易送进嘴巴里的苦瓜片，却总是不知怎的又被吐了出来。您每次看到这种情境，都会生气地说："你们快吃下去。如果你们今天不吃苦瓜，那么以后再有任何美食，你们也不许碰一下。"权衡轻重之后，我们也只能硬生生地将苦瓜片咽了下去。这时，爸爸您总是会满意地微笑，就好像一位军官驯服了他的小

哥哥（图左）、明欣（图中）及爸爸（图右）郊游合照

战士一样,然后威风凛凛地接着说:"汪家字典里从没有'不吃'两字,你们一定要谨遵教诲,不能再挑食了。"当然,我们做孩子的,也只能乖乖服从了。但久而久之,习惯成了自然。现在我们不但不讨厌吃苦瓜,还爱上了它苦中带甘的特殊味道!爸爸,您教训得好,如果孩子不能吃得苦中苦,怎么可能成为人上人呢?现在的孩子们太娇纵了,想要什么,就一定要得到什么。这些坏习惯如果不能适时矫正,他们长大后,就会变得蛮横无理,为了得到自己想要的东西,不但可以放弃道义、牺牲亲情,甚至罔顾法纪。俗话说得好:"养不教,父之过。"各位父母,在未铸成大错之前,还可以亡羊补牢,此举未为晚也。

我的童年回忆中,总是离不开饺子和足球。虽然爸爸有时候真的很严肃,但其实,您也是个大孩子。从前,一到周末,您和妈妈总爱带着我和哥哥到维多利亚公园去踢足球。起初,我和哥哥都是神射手,您则负责守龙门。

明欣与爸爸、哥哥在香港维多利亚公园草坪踢球照

但在我八岁之后，就只能当个龙门了。哈哈哈哈……您一定认为女儿失明了，就不能准确地接到你射来的球了吧！也许一开始真的会出现这种情况，然而，当哥哥为我进行了一次又一次的秘密特训后，我就慢慢能捕捉到足球划过空气的微妙声响，从而接到您射来的球。我们这队二人小组的球技进步神速，这是不是令爸爸刮目相看呢，还是爸爸您不忍我们失望，故意让我们取得胜利呢？无论如何，这都是我们最美丽的回忆，每当我们想起这件趣事，总会捧腹大笑！此时此刻，我们看着那些爸爸和我们一起踢足球的合照，感觉这就好像昨天发生的事一样。刹那间，我们忘掉了时间的枷锁，也忘掉了人去楼空的孤独。这个瞬间，只有您和我们的幸福回忆，在流转的时空里荡漾。

再一次想起我们每次围着饭桌，快乐地把馅料放到那雪白又软绵绵的饺子皮中的情境了。那时，我总是太过草率，不是把饺子包成长方形，就是把它变成不对称的三角形。总之，奇形怪状的饺子，就一定是我的"手笔"了。呵呵……厨艺大概是天生的本领，我特别羡慕爸爸您这位大厨神，永远能以美味来振奋人心，更庆幸哥哥竟然遗传了您的好手艺，成为最成功的新一代厨神接班人，总是能为爱吃的人带来佳音。可是，我却只有美食家品尝和评价食物的天分，那么我就唯有坐在一旁，舒舒服服地等待美食给我味蕾带来的震撼了。爸爸，现在的我，也会经常想起您曾经为我们用心烹调过的锅贴、薄饼和爱心炒饭，我们真的非常怀念那些无可取代的味道，这些美味回忆会一直伴随着我们成长。当我们困倦之时、灰心失意之时，这些独一无二的美味回忆，就会从沉睡中被唤醒，再一次给予我们最强的力量，使我们能继续勇敢地奔向前方。

记忆中的爸爸，有时候是英明神武的将军。您一声令下，所有集训中的小战士，都不敢偷懒。那些与您共进晚餐的日子，孩子们都总是坐得最端正。这个时候，最挑食的表妹们，也忽然变得很受教，无论姨母们把什么放进她们的碗里，她们都会毫不犹豫地把食物塞进嘴里，而且谁都不敢抱怨一声。她们看见您，永远又敬又怕。其实，您只是爱之越深，责之越切。您经常说，孩子只是一张白纸，他们的未来如何，就要视乎师长们今天如何熏陶和指导了。所谓"种瓜得瓜，种豆得豆"，若希望他朝有好的收成，今天就要努力耕种和施肥。

爸爸，我怎会忘记您也有柔情似水的一面呢？对着妈妈，您总是一副最温柔、最可爱可亲的模样。不论妈妈说些什么，您总是微笑点头，轻声细语地回应着她。爸爸，您一定不知道，当时的我，看到这种温馨的情境，不禁默默地在心中祷告着，但愿我将来的夫君也可以跟爸爸一样，

一家人旅游合照

对我永远呵护备至，那样我就心满意足了。

当我们长大后，爸爸妈妈又转变成另一种角色和我们沟通。我们无所不谈，甘苦与共，爸爸妈妈不但是我们最敬爱、最感恩的父母亲，更是我和哥哥最好的知己良朋。我以你们为傲！爸爸妈妈，谢谢你们信任我，所以我对自己充满信心；谢谢你们爱我，所以我懂得自爱，更学会了推己及人；谢谢你们时常为我着想，所以我才懂得易地而处，设身处地为别人着想。只因你们无穷无尽的包容，我们才能学会谅解和宽恕别人。爸爸妈妈，感恩你们为孩子建立了这座最美丽的回忆堡垒，而你们是孩子独一无二的堡垒守护者，更是我们心目中的巨人，就让我们永远怀着诚挚的心，默默地仰望你们好吗？

"严以律己，宽以待人。"这是您留给我们的座右铭，我们必定永远遵从。但愿您在遥远的国度里，也能有教无类，为您的世界注入更多的爱和正能量。热切期待在下次的时空裂缝中再一次与您相聚。

女儿欣欣敬上
写于二〇二二年四月

十三

梦幻舞台上的秋千

亲爱的爸爸：

您好，您知道吗？女儿曾经是世人的一分子，在我没有失明的时候，因为早就知道自己总有一天会坠落于黑暗世界之中，从而心存恐惧。我不但害怕失去视力，更怕因此失去自己的未来和抱负。对当时的我而言，失去视力，就等同于失去整个世界。于是我逐渐习惯将自己的真正感受和想法通通都藏起来。我一边强装开心地努力记住所有我见过的事物、景象和表情，也一边沮丧地担心着末日的到来。光阴似箭，日月如梭，五年的光景稍纵即逝，而我的噩梦也终于变成现实。对，爸爸，就在八岁的某天，我的眼前突然变得朦胧一片，而且术后拆开纱布的一瞬间，我也看不见预期的光明，只有一层厚厚的浓雾笼罩着我。爸爸，那时候，我真的很伤心，除了放声大哭以外，我便不懂得作出其他任何反应了。我的哭声响彻夜空，也震撼了每一颗受伤的心灵。爸爸，那时候的我，真是太没用了，不但不能觉察到爸爸妈妈的悲痛，更不能体谅主治医生的难过。我只懂得大哭大叫，更迷失于自我制造的悲惨幻梦之中，完全不肯苏醒过来。

　　哥哥的一席话，令我回到现实。对，作家海伦·凯勒不但看不见，而且听不到，也不能说话。然而，凭借着她的毅力和老师的教导，她不是也能成为作家，照耀世人吗？今天，我只不过是失明而已，我还能听得见，更能用话语去表达自己的感受，难道这还不足够吗？我还要自卑自怜到何年何月啊？我悄悄问自己，我这颗紧闭的心灵，还要多久才能恢复清明？可惜，我的醒悟来得太迟，因而不能适时为我的主治医生送上安慰，以致让他内疚不已，甚至一蹶不振。他总觉得自己曾经给予了我希望，然而希望却最终变成不可挽回的失望。爸爸，我很难过，为什么我不能早一点醒悟呢？如果当时我不让他看到我那绝望的眼泪，更能推己及人地先去安慰那颗比我更受伤的心，也许事情会有转机吧！然而，最好的时机已经错过了。为了让身边爱我的人重拾希望，我一定要活得更精彩。我要告诉大家，就算欣欣今后再不能以双眼去看世界，但我依然可以用心去探索宇宙。借着这明亮的心眼来感受事物，我必定能看得更真切、更清楚。

从香港首位失明女作家,到被选为香港十大杰出青年,我都怀着一颗感恩的心,感恩社会人士对我成就的认同和肯定,更感恩家人对我一直以来的支持和不放弃。爸爸,我觉得我的人生历程,就像是舞台上的秋千,时而荡得高高的,时而又跌进了谷底。然而,身经百战的我,却习惯了,不再回头看,一切得失,也不再计较了,皆因现在的我,只想告诉爱我的人,我已经跟从前不一样了。此刻的我,已经脱胎换骨了。我明白失明不但不会让我失去整个世界,而且还能让我得到更多。如果我从来没有失明的经历,我便不会知道原来我的听觉比一般人要灵敏,我的心比一般人更细腻、更清晰。爸爸,没错,每个人的命运都有难以避免的坎坷险阻,但能否改变,完全在于我们的一念之间。

爸爸,您还记得吗?二〇〇八年的炎夏,我正在准备第一次在演艺学院举行的三场个人演唱会。当时,婆婆刚刚去世,一直跟我合作无间的音乐朋友,又突然离我而去。这双重的打击,令我方寸大乱。然而,演唱会还有一个多月就要举行了,我已经没有时间去烦恼了。我只好化苦楚为动力,并开始跟制作团队去商谈演唱会的演出内容。排除万难后,全新的演出团队诞生了,监制更为我定制了极

十三　梦幻舞台上的秋千

明欣个人演唱会照

富创意的演出方案。

爸爸，您知道我一向最爱荡秋千，让人意想不到的是，监制竟然能把荡秋千的理念放在舞台之上。这想法，真的令人目瞪口呆！不过，突破自我，的确比我想象的还要痛苦。首先，我不能再做舞台上的木头娃娃了，因而我便开始了艰苦的肢体语言表达训练。除了要进行无间断的排舞以外，更要学习一边唱歌一边打手语的协调技巧。说到打手语，您一定会问，为何我的演唱会要兼顾手语练习，难道演唱会不是为了健听人士而设的吗？是的，一般人都会有这个观念，认为耳聋人士实在难以在演唱会中得到乐趣。然而，女儿却有一个心愿，就是期盼能消除隔阂，举办一个全人类，当然包括耳聋人士，都能欣赏的音乐会。因此，我们专程请来了手语传译员，在歌曲和对话部分都加入手语的演绎，愿借此鼓励其他演出者都能效法和参与，让听障人士也可以拥有享受音乐的权利。爸爸，这一次我不再是单纯地为了取得胜利而战，而是为了实践真正共融而战。我相信，只要我能做到，其他不同能力的艺术家，也能突破身心的障碍，最终获得观众的掌声。

虽然肢体语言的表达向来都是我的弱项，但为了实践真正共融的精神，我也只好夜以继日地苦练舞蹈和手语技巧了。不知不觉一个多月过去了，我的第一个个人演唱会终于来临了。爸爸，在演出之前，工作人员不断地为我测试秋千的升降灵活性和安全带的稳定性，但他们仍然担心会出现什么意外，于是他们便就着开幕仪式的环节，排练了一次又一次。一切似乎已经准备就绪了，然而，我的心却无法安定下来。回想这一个多月，我每天食不下咽，睡不安稳。即使是在梦中，我也只梦见自己一直在排练和背诵歌词的片段。爸爸，每当您和妈妈看见这疲惫不堪的我，都会连声叹气。我知道从小到大自己的身体就比一般人要虚弱，所以，您向来最担心的，就是我的健康问题。对不起，爸爸妈妈，孩子令你们担心了，请原谅我这一次好吗？这一仗，我一定要赢，而且还要赢得最潇洒、最漂亮。

时间一分一秒地过去，不知不觉间，距离开场只剩下不足半个小时了。监制已经来回进出休息室六十多次了，而且每次都要给我一个新的点子。我知道了！我记住了！在秋千升起的时候，要保持笑容，并做到一边从容不迫地打着手语，一边唱着歌。要注意，跳舞之时不能变回"僵尸"，更不能忘记歌词，而且每个动作都必须做到挥洒自如，不能有半点错漏和不协调。要谨记，舞台上不会有任何人为我领路，一切方向和路线，我都必须靠自己来辨别。爸爸，我还有太多太多的点子需要牢记了，例如：演唱会一共要更换衣服七次，每次都必须快而准。当然，我绝对不能忘记发型师哥哥向监制许下不掉假发的承诺，为免发型师哥哥的声誉受损，在扮演小丸子的劲舞环节中，我还得时刻提高警觉，决不能让头上的假发掉下来！爸爸，当我们以为可以松一口气的时候，监制的声音又从门外响起来了。又是从某唱片公司传来一个"噩耗"，说某某女明星嘉宾，突然要我们为她更改演出流程，并通知我们她到时会换另一首歌曲在演唱会中献唱。其实，于我而言，这并不算是什么坏消息，因为她要变更的是她个人独唱的部分，而不是和我合唱的环节。不过，对于手语演出者来说，这就好比迎面而来的一巴掌。当时距离开场恐怕就只有十五分钟。要在短短的十五分钟里去练习一首全新的手语歌曲，这几乎是一项不可能的任务。因此，当监制问及手语演出者能否来得及练习的时候，我本想跟监制理论一下，殊不

十三 梦幻舞台上的秋千

知，就在我正要开口的一瞬间，就听见他对监制说："我能办到的，请给我歌名。"爸爸，我知道大家都是为我好，他们不忍心看到我在预备演出的时候，还要兼顾其他。毕竟我的压力已经超出预期，如果继续勉强支撑下去，恐怕我也会像地震中的危楼一般突然崩塌下来的。

监制是一位好老师，她无论在舞台监督方面，还是在演出方面，都有极丰富的经验。有她在后台发号施令，实在是一件令人安心的事。然而，能力越大，要求也相对严格。在她看来，每一场演出，都一定要做到最圆满，不能有半点瑕疵。爸爸，对于她的观点，我极为赞同。所以，我不是要尽力而为，而是要全力以赴去达到她的要求。因此，请将无谓的同情和怜悯都收起来吧，我要观众真正地为我的实力而鼓掌。

爸爸，您知道吗？其实，当秋千徐徐升起直至到达二楼高度时，我真的有点害怕，害怕自己会失去平衡，然后从高处摔下来。然而，当下我只能将恐惧转化为信心，并专心地一边歌唱，一边打手语。对了，安全设备已经测试过无数次了，一切都会顺利的。就在我念头一转的时候，我开始放下紧张的心情，全程投入我的演出之中。在手语环节中，我总算能保持水准；在劲舞之后，假发依然牢固地停留在我的头上。不论在秋千缓缓降下之际，还是当我完成了一项舞蹈表演之后，观众那此起彼落的掌声便会从台下一浪接一浪地在我耳畔响起来。对于我的新尝试，他们似乎极为赞赏，这一个多月来的特训，也总算有了一点成效吧。

结果，我总算是不负所托地完成了三场忘我的精彩演出。虽然在最后的一场，我还是因为疲劳过度而跌倒了，但幸好平日经过妈妈的指导而训练有素的我，早就掌握了随机应变的技巧。爸爸，危机可以是一个毁灭人生的炸弹，但如果我们能够善用它爆炸所产生的威力，一切便有转危为机的可能。那次跌倒后，我并没有停止唱歌，也只用两秒左右便爬了起来，故台上的乐手和手语演出者在听到观众哗然的刹那间，已经取得共识，明白一切没有停下来的必要。于是，我便趁机在间奏响起的同时说："各位，别担心，正如我妈妈常说的那样，跌倒并不可怕，只要谨记一次比一次更快爬起来就可以了。况且，一连串的演出大家都看过了，在演唱会中，我似乎已经没有什么惊喜可以送给各位了。所以，这一跌我是专门为大家在舞台中上演的一幕。为了演得逼真，我们已经排练了很久，是不是令大家顿时吓了一跳？"这时，观众的哗然变成了热烈的喝彩，而我的三场演唱会也在观众的欢呼声中结束了。爸爸，您难以置信吧？您知道吗？演唱会后，竟然有粉丝问我，那一跌要排练多久才能达到那样的真实效果啊？我不由得发笑了，原来在舞台上，一切都只不过是一场影画戏，任何意想不到的情节都有可能发生。

爸爸，舞台是一个创造奇迹的地方，我在这儿找到了勇气和力量。可是，坐在不断移动的秋千上，穿着晚礼服，一边打手语，一边荡秋千，绝不是大家想象的那么简单。这秋千时而升起，时而下降，就好比我们的人生时而处于顺境，时而处于逆境一样。只要我们在快乐的时候，学会居安思危，在面临逆境的时候，懂得临危不乱，那么梦幻舞台上的秋千，仍然可以为我们创造一个又一个美丽的神话。

爸爸妈妈，谢谢你们给孩子的信念及鼓励，使我在快乐中不至于迷失，在伤痛中依然能坚强面对。但愿我这梦幻舞台上的秋千，能给不同能力的艺术家们打打气，也能让在黑暗中的每一位朋友重新找到方向。

女儿欣欣敬上
写于二〇二二年四月二十五日

十四

寂寞也是一种快乐

亲爱的爸爸：

您好，您知道我为什么会给您写信吗？除了想念您以外，还有一个特别的原因，那就是从小到大，只有身边的朋友找我倾诉心事，而我的烦恼却只会埋藏于内心深处。是因为害怕别人知道我的秘密后会大肆宣扬吗？不是的，真正的原因是，我觉得自己的文字表达能力比说话的表达能力要好。也许有人会问不懂倾诉的我会不会觉得寂寞。寂寞？偶尔吧！但，我觉得，寂寞也是一种快乐。

人们都说寂寞难耐，但我却认为寂寞的时候，往往是我们反省和领悟的最佳时刻，更是写篇日记或是写封信给自己的最好时机。也许只是因为我们不敢面对真正的自己，才会对寂寞避之唯恐不及。爸爸，我小时候就已经非常喜欢独处，也喜爱从自我探索中解决一个接一个的疑问。记得有一次，我在保姆车上发呆，忽然发现每当车子穿过隧道的时候，外面便会传来一阵局促而繁杂的噪音。我悄悄在想，为什么会这样？通过仔细观察，我终于得出了一个结论，原来是因为隧道里全是回音。简单来说，每辆车在行驶的过程中，引擎一定会发出声响，而当很多车同时进入充斥着回音的隧道时，汽车的引擎声聚集在一起，在隧道中因反弹而产生的声音，就会变得越来越密集和混乱。爸爸，我就是喜爱这种独自追寻答案的模式，这比起每事都问别人来得更有价值。

爸爸，你还记得吗？我小时候很爱吃西瓜。可是，我却曾经有一个坏习惯，那就是喜欢狼吞虎咽，吃西瓜从不吐籽。为了矫正我的这个陋习，爸爸妈妈曾说，籽就是水果的种子。如果我吃了西瓜的种子不吐出来，有一天它们就会在我的肚子里发芽成长，最后一棵西瓜树便长出来了。对

明欣（图左）和妈妈（图右）在大佛前合照

于你们的说法，孩子曾经是深信不疑的。然而，从前被我吃掉的西瓜籽，却始终没有一颗能在我的肚子里成长起来，于是最后我明白了，这并没有什么真凭实据呢！

其实，我之所以爱寂寞，喜欢居住于偏僻而安静的郊区之中，是因为我的听觉实在是过于灵敏了。明明只是微小的电器故障声响，我的耳朵却总能将其放大几倍，甚至几十倍。虽然听觉的高度灵敏能弥补视觉的不足，但是一件事怎么可能只有优点而完全没有缺点呢？这项特殊技能的确可以让我听到别人听不到的声音，但同时也会给置身噪音世界的我带来严重的困扰。因此，于宁静中思考，在寂寞中观察，才是最适合我的生活方式。

有一句话是这样说的："解释即掩饰。"我非常同意这种说法，在我的世界里，能了解我的人很少。每次听到人家说我是如何如何的时候，我也想过要解释一下，告诉他们我不是他们想象的那样。然而，每当我要开口之际，"解释即掩饰"这句话便会出现在我的脑海中。一瞬间，原本想张开的嘴，又不自觉地紧闭起来了。您问我可曾感觉委屈？对的，曾经在我心中确实积压着一股郁闷，久久不散。不过，在岁月的无情洗礼下，我渐渐明白，世间上并没有绝对的对与错。在我只有两岁的时候，每晚婆婆都要喘着气，在我身后追着给我喂饭。对了那时候的我而言，玩乐才是最要紧的事，但对于婆婆来说，孩子要按时吃饭，这样才会快点长高长大！当时，我就是喜欢以乱跑乱叫来宣泄我内心的不满，同时还会觉得婆婆不理解我。然而，慈爱的婆婆却从不跟我计较，只是默默地承受这一切。时至今日，我才明白她对我的一片苦心。

爸爸，从小到大，我都是一个体弱多病的女孩，所以，当我在十七岁那年，突然宣布我要成为真正的素食者之时，便遭到您和妈妈的强烈反对。爸爸，其实我一直都想跟荤腥说不，只是迟迟无法下定决心而已。您担心的我都明白，原本就很虚弱的身体，假如再勉强吃素，我的健康一定会变得越来越差。于是妈妈总是试着瞒骗我，将肉类加入我的热汤，希望借此给我多些营养。不过，爸爸，您还记得吗？当时的我为何会变得虚弱？原因恐怕就是我的肠胃根本无法吸收到足够的营养！对了，每当我吃了肉类或"五辛"后，肠胃都会出现胀痛或抽搐的状况，甚至会上吐下泻，而且症状往往会持续一两个星期才渐渐舒缓。起初，大家都没有特别重视，以为我只是患了普通的肠胃炎。但同样的病况持续了十多年，而且情况一次比一次严重，于是爸爸妈妈唯有向病魔投降，也准许我从那天起开始吃素了。爸爸，其后，医生将我的此等症状判断为"肠易激综合征"，顾名思义就是，当遇到刺激，或是我情绪波动以及压力大的时候,我的肠胃就会变得失常。不过,说来也奇怪,自从我吃素后,上吐下泻的情况就再也没有发生了,还慢慢地恢复健康了呢!爸爸,对于我是天生素食者的命运,我最初都有点不相信,并为此而挣扎。可是,事实胜于雄辩,一次又一次的惨痛经历,令我不得不接受这个真相。

一家人与观音像合照

  人人都说要吃肉类才会有力气,那为何牛和马都是素食者,但它们却力大无穷?牛是农民的朋友,马更是人们的车夫和送货员,它们愿意一生守护主人,终身为主人服务。可是,当它们年老体衰之后,农民觉得它们失去了原有的价值,便索性把它们卖掉,甚至杀死,不但吃它们的肉,还喝它们的血,试问这样对它们真的公平吗?再请大家思考一下,为何母鸡会在老鹰准备攻击小鸡的时候先扑向老鹰?是母鸡不怕死吗?不是,这是伟大的母爱之显现,因为爱，它们鼓起了勇气；因为爱，它们不怕危险；因为爱，它们甚至心甘情愿地为孩子献出自己宝贵的性命。没错，世间所有生物都好生恶死，动物也一样。它们大多也有儿女和父母，孩子会期盼父母长命百岁，永远伴随在自己身边，父母也希望看着小宝贝们一天一天地成长。既然如此，我们又怎么可以任意剥夺动物生存的权利呢？

爸爸，您可能会问是什么驱使我下定决心要成为素食者的。其实，这全因我十七岁时的一次经历！我清楚记得，在我十七岁那年，舅舅从汕头买来我平日最爱吃的卤水鹅掌。当时我如常地拿起一只鹅掌准备放进嘴里，在我正要咬下去的时候，一阵悔意忽然从心头冒起。我一边颤抖着一边问自己，这只鹅会是爸爸、妈妈，还是小宝宝？当被宰杀之时，它究竟经历了何等的恐惧和剧痛？最后我为自己的口腹之贪欲哭了。从那天起，我决定吃素。至今，我已经吃素二十多年了，但我的惭愧之情依然不减当年。

爸爸，为什么我到那时候才觉醒？我不是自小就喜欢小动物吗？我怎能只爱小海豚、小狗、松鼠和树熊等动物，却把小鸡、小鹅等当作食物？难道它们的生命不是生命吗？从前的我不是曾经为了小鸡之死而流过泪、心痛过吗？但愿当时那个十七岁女孩的觉悟不会来得太迟。谢谢爸爸妈妈对我的成全和尊重，别担心，只要懂得注重均衡饮食，并适时补充蛋白质和维生素，素食者也可以活得很健康。

　　话说回来，当处于不同的角度，便会有不同的对与错以及好与坏。所以，现在的我，不会再介意别人对我的评价和批判了。只要能理解这一点，就没有什么好争辩的了。人生本来就是这样，活得简单还是充满困扰，都是我们自己选择的。爸爸，要改变别人是很困难的，但可以改变自己，这样就能有新的见解和收获了。正如我喜欢用文字来表达自己，别人却醉心于研究语言的艺术，各有所长，各取所需。如果众生都可以学会互相尊重、互相包容，更能将心比心、设身处地为他人着想，战乱和争执便能一扫而空，那么人间当下就可以成为一片安乐自在的极乐净土。爸爸，寂寞也是一种快乐。这种快乐看似垂手而得，但又仿佛远在天边。它比起外在的快乐，来得长久，来得实在，也只有在宁静之中才能真切看见。

　　爸爸，明天是母亲节，也是佛诞，但愿爸爸与我们一起在梦中庆祝，并为妈妈送上永远健康快乐的真挚祝福。与您约定在梦中见。

女儿欣欣敬上
写于二〇二二年五月七日

十五

有一种爱叫作残忍

亲爱的爸爸：

您好吗？最近，女儿一直在思考一个问题，就是大家对"爱"这个字，究竟有着什么样的定义。父母对孩子的宠是爱吗？情侣之间的偏袒是爱吗？这通通都是爱的表达。可是，世间上还有一种爱叫作残忍，大家又有没有听说过呢？

爸爸，如果要我划分自己的生命历程，我会将它分为两个阶段，第一阶段是我八岁之前，第二阶段则是我八岁之后。在八岁之前，是爱的蜜月期。当时我还在接受一次又一次的部分角膜细胞组织移植手术。在这段时期，家人都宠我，事事都迁就我，那个时候，我可以说是家中的小霸王，总是能呼风唤雨。爸爸，您还记得为什么当时的我会有这样的特权吗？对了，原因是医生曾叮嘱说，接受手术后，必须严密监视我的角膜状况，如出现红肿，或观察到眼球中有任何异样，便要立刻把我送医。爸爸，我知道当时医生更嘱咐您不要让我哭，否则便会前功尽弃了。因此，不论我在家中怎样称王称霸，爸爸、妈妈和哥哥都只能忍让再忍让。不过，在八岁之后，爸爸妈妈对我的态度突然一反常态，不但不再迁就我，还开始对我刁蛮任性的霸道作风加以惩治。那个时候，我刚刚失明，对于爸爸妈妈突如其来的态度转变，我有点无所适从，有一种从天堂坠落地狱的可怕感觉。

我永远无法忘记在我刚刚失明的时候，我因为不适应，总是一起床就乱冲乱碰，时常弄得头破血流。即使爸爸妈妈再三提醒要我先用双手探路，我也总是屡教不改。于是母亲大人只好向我颁布一道"懿旨"，就是假如我再因为没有伸手探路而受伤，还胆敢痛哭的话，就会责打我。虽然我对于母亲大人颁布的此等命令极为不满，甚至觉得妈妈对我过于严苛，但是，自那天起，我永远都不敢忘记要先用手探路，从此以后也就很少再受伤了。

小时候，我最喜欢跑步。失明之后，这个习惯仍然没有改变。有一次，我在跑步的时候，冷不防撞上了墙壁，于是鼻血便如瀑布般倾泻下来，吓得老师们惊慌失措，并连忙给我唤救护车来。当我被送进医院的那一刻，妈妈也

妈妈（图右）与小明欣（图左）合照

赶到了医院。当时，她只是背着我，站在一旁，一句安慰的话也没有说。当护士一针又一针地给我缝合伤口之时，我只觉得一阵疼痛从心头冒起，而且痛的感觉一次比一次剧烈。那时候，我不禁鼻子一酸，眼泪纷纷涌上眼眶来。爸爸，您知道我当时立刻想到了什么吗？对，就是妈妈曾经说过，在我没有先用手探路而导致受伤的情况下，如果我还敢哭，她便会责打我。想到这里，我只好噤声，但眼泪却不能自控地一滴一滴地跌落在我的衣衫上。爸爸，您是否想问我，当时能否体会妈妈的心情？不，当时不懂事的我，实在难以明白妈妈对我的严格魔鬼训练到底是为了什么，我更不会知道那时候妈妈的心里正痛得泪流不止。

于是叛逆的我，便试图向她发起挑战。有一天，某表姐说我因为失明而不能玩捉迷藏。因此，我便不服输地向前狂奔，并叫她追上来。结果，我的其中一颗门牙被撞断了，只剩下半颗门牙在我的嘴里摇摇欲坠。从此，我变成了崩牙妹，人人看见我的门牙，都忍不住笑个不停。爸爸，虽然我曾经尝试鼓起勇气向您请求补牙，但您却说，这是我好胜而闯的祸，必须要自己承受。爸爸，您知道吗？女孩子最爱美，我怎能让别人嘲笑我是崩牙妹呢？因此，我唯有向您请求再请求，一年又一年地诚心悔过，一次又一次地虚心认错，在我十六岁的那年，您和妈妈终于决定给我补牙了。这历时五年的惨痛教训，实在令我难以忘怀，而

妈妈（图左）与明欣（图右）合照

爸爸妈妈的苦心，我也渐渐能体会到了。

爸爸妈妈，我知道你们要女儿学会接受自己已经失明的这个事实，为此你们确实付出了很多努力以及眼泪。我怎么会忘记，每当我被噩梦惊醒，耳畔听到的，都是妈妈的哭声和爸爸的叹息声。也许你们正在为我痛心，不知道我还要闯多少祸，还要受多少次伤，才能明白爸爸妈妈对我的爱。爸爸妈妈，请原谅我的迟钝和不懂事，原谅我曾经有过的自卑自怜。相信我吧，我以后必定先用手探路，不会再让自己身陷险境了。是的，爸爸，您说得对，过度的溺爱和娇纵，只会令孩子失去分寸，甚至铸成大错却仍旧浑然不知。多一点指引，并让孩子在预期的风险下自己承受罪责，这才是家长不能缺少的狠心。事事不忍，最终只会令小树苗永远活于温室之中，一旦台风袭来，小树苗就会被连根拔起。亲爱的朋友，如果您真的爱它，就要让它离开温室的庇护，接受大自然的磨炼和洗礼。漫长的等待之后，它必定会成为风中的劲草，时刻都充满生命力和希望。爸爸妈妈，残忍也是一种爱，女儿今天终于都明白了。感恩你们一直以来都能将此教化贯彻始终，如此才能让信念开花结果。

世间有太多种爱，更有无数的表达方式，世俗所谓的仁慈和残忍，也取决于我们的一念之间。要孩子成为神机妙算的诸葛亮,还是天天抱怨"既生瑜何生亮"的周瑜,就要看您今天怎样培育他们了。

爸爸妈妈,谢谢你们的言传和身教,唯有这种带了点狠心的爱,才能成就女儿不一样的人生。即使外面下着再大的暴雨,也并不可怕,凭着你们的爱,我定能冲破黑暗,重新向着晴朗的天空出发。

女儿欣欣敬上

写于二〇二二年五月十一日

十六

放下不是放弃

亲爱的爸爸：

您好，今天孩子很想给您说个故事，但愿爸爸能用心听。

从前，有个女孩，自小就梦想做个电台播音员。后来，几经辛苦，她终于得到了一位星级主持前辈的推荐，成为某电台节目的播音员。岂料接到这份差事之后，她却因为种种原因受尽打压。

起初，节目监制要她在嘉宾环节里邀请知名人士来分享。但女孩提议的几乎每一位嘉宾，都遭到监制的阻挠，以致令女孩甚为懊恼。一次又一次的协调后，嘉宾的名单终于落实了。可是，这时监制的命令又来了。爸爸，您知道这次的难题是什么吗？监制要她在两个星期内专门为节目的不同环节写二十多篇稿件，而且要她为该节目免费创作一首主题曲。女孩明知道这些繁复的工作不会为她带来可观的收入,反而只能换取三百多元的微薄车马费,可是,为了实现她多年来的梦想,她也明白不能计较太多了。

明欣电台主持照

十六 放下不是放弃

她知道自己只有两个星期的时间去投入创作,但这两个星期的工作行程表早已排得密密麻麻了。除了要到学校演讲,还要应付多位学生的唱歌课堂。因此,她只能利用晚上的时间来专注写稿了。一切都迫在眉睫,令她的身心都近乎崩溃。倦怠的大脑挤不出一丝创作灵感来,不合作的身躯似乎完全不能运作。这时,她终于伏在书桌上失控地哭了起来。忽然,她记起了妈妈说的一番话:"失明是你最大的障碍,但你已经冲破了,试问以后还有什么难题能打倒你呢?"然后她又想起了她爸爸曾经自豪地说:"我女儿真棒!"刹那间,她的倦意全消。于是她便潇洒地抹去了眼角的泪水,然后重新埋头苦干地写稿了。结果,不消四天,她便完成了全部的稿件。爸爸,故事说到这里,您应该知道这女孩是谁了吧?您猜对了,这女孩就是我。

97

爸爸，有时候，人生真的很无奈，即使已经耗尽了心力去做一件事，结局也始终难以尽如人意。无论节目做得有多好，观众的喜爱程度有多高，我的梦想最终还是在一年之后破灭了。任我再依依不舍，我也只能选择忍痛离开。黑夜的火光最后也难免熄灭，但只要曾经发过光便足够了，又何必贪得无厌地渴望它的光辉能天长地久呢？爸爸，当人际关系出现裂痕，当天时地利不再和合，那正是我们该走的时候了。这是女儿从您身上学到的处世之道。一切得来不易，成果更是以百分之二百的努力才能换来的，但却要我在最灿烂的一刻忍痛离去，这当然是一件很难做到的事。然而，缘分从来不能勉强，该走的时候，任你再不甘心也要放手。反正"此处不留人，自有留人处"，只有放下执念，我们才能拥抱更美好的明天。追寻梦想的过程就好像一只五彩缤纷的蝴蝶初次展翅飞翔一样，虽然那未知的将来令人向往，但更多的时候却免不了令人沮丧。世事无常，没有人能保证我们在艰苦奋斗之后，一定可以得到相应的成果。但放下不是放弃，在这一刻，也许我们只能放手，但谁知道明天会不会有另一个全新的机会在等着你呢？

爸爸，人人都问我，明明已经遍体鳞伤，为何还不放弃梦想？没错，难道从前经历过的种种痛楚还不够吗？怎

明欣慈善演唱会表演照

么还要自讨苦吃？我不是超人，当然曾经想过要放弃。然而，没有梦想的人，就如行尸走肉，试问这无意义的人生，谁能接受？爸爸，您还记得那段往事吗？也许您已经忘记了吧。没关系的，就让我继续为您忆述好了！回想当年，我真的极为盼望可以出一张属于自己的唱片。在因缘际会下，我认识了某机构的负责人，更遇上了一位唱片监制。当时，机构的负责人说，假如我能在他们即将举办的慈善音乐会中参与演出，他们便答应为我出一张以他们机构的不同服务范畴为创作主题的唱片。虽然条件同样苛刻，但为了一展抱负，我还是接受了。爸爸，您知道吗？那演出是我有生以来最不愿参与的一次，但我明白"有权利，必有义务"的道理。因此,我还是在那次演出中,竭尽所能,做到一百分。同时,我也开始创作歌曲,并将写好的作品交由监制进行审核。可是,好事多磨,我那些呕心沥血的作品,竟被监制一次又一次地退回,这无疑使我非常困扰。爸爸,究竟什么样的歌曲,才能真正令人感动呢?我想了又想,想了又想,终于,我明白了。若要写出动人的旋律和歌词,必先从真实的自身经历出发。若一首歌在旋律或歌词中只有说教的成分,却缺乏动人的真情,那它凭什么能触动人心呢?于是我便从挫败的经验中重新站起来,再一次专注创作。爸爸,您猜这次的结果如何?猜对了,这首歌最终感动了监制,并成为我最受欢迎的作品之一。可是,在这次音乐会中,那机构已经筹得了足够的善款,故出新唱片的方案便最终被搁置了。

爸爸,他们究竟知不知道,要创作出八首能振奋人心的歌曲,绝不是那么简单的事啊!怎能说放弃就放弃呢?难道他们一开始就不打算出这张唱片,而只是把我当作一枚棋子,随意操控于掌心中?算了,此刻他们怎样看待我已经不再重要了,当时的我,只知道,好梦已化作泡影。没错,一切只是镜中花、水中月,既没有法律文书作证,也没有愿意信守诺言的人。就这样,原本满载希望的女孩,最后只能被迫跟梦想说再见了。爸爸,那些年,我就是如此这般的无依无靠。口头承诺究竟算什么？也许我只能把辛苦创作的八首歌曲全都扔进电脑的资源回收站。要永久删除这些充满了苦与泪的作品吗？爸爸，我舍不得！我真的舍不得啊！请您就让我先发泄一下心中的伤痛和愤怒吧！只要不启动永久删除的程序，我任何时候都可以把作品从资源回收站中还原的！

也许这一切是上天给我们的考试，通过了便能晋级，失败了就必须补考。时间是治疗哀伤的最佳良方，渐渐地，我发现自己又再次爬起来了。于是我便再一次把歌曲放回文件夹中。如果说希望会消散，那么绝望当然也同样会消散。就在几个月后，竟然有另一个慈善机构的负责人向我

明欣（图左）与梁咏琪（图右）表演照

招手。原来她听过我创作的这首《我的快乐天堂》后就喜欢上它了。由于这首歌曲跟他们当时的一个音乐会理念不谋而合，于是他们便把《我的快乐天堂》作为他们音乐会的主题曲，还请来了歌手谢安琪小姐和我一起在音乐会中献唱此曲。后来，《我的快乐天堂》被收录进一张新唱片里，该唱片不仅收录了谢安琪小姐演绎的版本，还收录了另一个属于我的独唱版呢！爸爸，我总算是否极泰来了，我的梦想在几经波折后也最终实现了。

爸爸，与其说机会是留给有准备的人，不如说机会是留给在挫败中仍然能重新站起来的人！妈妈常说，跌倒了不可怕，只要我们跌倒了立刻爬起来，而且一次比一次快，这样我们还是能取得最后胜利的。正如《我的快乐天堂》的歌词："也许有一天我终于飞到我的天堂，快乐地歌唱。"期待在逆境中的朋友能得到鼓励，再一次化眼泪为勇气，重燃斗志，昂首阔步为更好的人生而奋发图强。

爸爸，我认为放下不是放弃。放弃指的是半途而废，或是一旦经历挫折就不能坚持到底。放下，却是指看透困局后，学会随缘随心地潇洒放手。要知道，放下只是暂时的权宜之计。因此，如果在下个转角又碰上了另一个新的机遇，我们还是要再次尽全力，让这突如其来的机会开花结果。记得爸爸妈妈经常提醒我们，不要做温室中的小花，

十六 放下不是放弃

要成为风中的劲草。没错,过多的溺爱,只会令人变得脆弱。这样的一棵幼苗,一场暴风雨便能把它连根拔起。反之,杂草却见惯了大场面,对于风的怒吼,它永远不为所动,任雨怎样拍打,它都能从容面对。朋友们,要实现梦想,就要拥有杂草的坚强斗志。即使今天被折断了,明天另一株杂草还是会长出来。就算今天你的梦想破灭了,但只要你不放弃,并在关键之时给它注入足够的水分和营养,那么你的梦想之苗,在温暖的阳光照耀下,还是会发芽成长。

爸爸,谢谢您和妈妈一直以来都能以身作则,令孩子明白一时的挫败只是一次经历而已,只要不忘初心,屡败屡战,我们最终也能成为最后的赢家。

女儿欣欣敬上
写于二〇二二年五月

十七

天才小乌龟，善善

亲爱的公公：

　　已经很久不见了，您最近好吗？您还记得我吗？对了，我是中华草龟——善善啊！就让我为您忆述一下我的来历吧！在六年半前的一个严寒冬夜里，那时候新界地区恐怕只有一摄氏度，对于我这伤痕累累的幼龟而言，寒峭的北风，实在令我倍感刺痛。当爸爸妈妈发现我的时候，他们只见我在草地上蜷缩着，硬壳上也有几道裂痕。看到这样的情境，他们不禁生起怜悯之心，并将我捡起来，带回家中收养了。公公，也许您会问，我是从哪儿来的？唉……英雄莫问出处，不管我是从天而降的，还是让人从高处抛下来的，公公，也请您不要再三追问了。反正都是一些被抛弃的陈年往事，就让我保留一点点的尊严可以吗？对我的过去，大家又何必刨根问底呢？

十七 天才小乌龟，善善

初来乍到，这个家的一切都很陌生。任凭爸爸妈妈公公婆婆怎样向我释放善意，我都不肯领情，甚至不愿进食。不知不觉，又过了两星期，我还是不吃东西。可是大家没有放弃我。后来，爸爸开始给我喝电解水。听说这种神仙水很奇妙，任何垂死的爬宠只要喝了一口，哪怕一直绝食，也能维持基本的生命能量，更能使爬宠们重新恢复进食的动力呢！两天后，爸爸妈妈更专程为我买来一款加入了羽衣甘蓝粉的优质龟粮。当我嗅到羽衣甘蓝的香气后，便再也不能抗拒了。除此以外，他们还会喂我吃钙粉和维生素原液，每天给我换几次水，以确保水质没有受到污染。在爸爸妈妈和婆婆的悉心照顾下，我的身体起了重大的变化。首先，我的干纹和伤口消失了，龟壳上的裂痕也没有了，四肢原本皱着的皮肤也重新变得光滑起来，而最大的改变就是，我开始懂得与家人们互动了。这是奇迹吗？与其说是奇迹，我更认为这是用爱和真心一起成就的一个人类与动物的传奇故事。

善善

我不是一只小狗，但我就是懂得跟着家人走；不要怀疑我的理解能力，我就是能听懂家人们给我的全部指令。妈妈叫我给她手，我就和她握握手；爸爸给指令要我偷袭，我就用头快速地瞄准他的手指，轻轻地碰一碰；婆婆要我停下来，我就爽快地停在她的脚边；爸爸要我爬到他的手背上，我就用脖子依偎在他的手指旁，然后慢慢地爬到他的手背上去。公公，您还在世上的时候，应该没有看过这些情景，皆因这一切是在您离开我们以后，我才无师自通的。公公，您听到这些事，一定觉得很奇异是吗？可是，这确实是真人真故事呢！

公公，您知道吗？每次看见妈妈写信给您的时候，我都非常羡慕她，羡慕她有个好爸爸。这次轮到我为您忆述故事了，这实在是我的荣幸啊！难得有这样的机会，我一定要向您尽诉心中情！

动物对人类的信任，是从日常生活的关爱和照料开始的。只要你全心全意地爱我们，我们必定会给你意想不到的回报。公公，也许您会问，您从来都不懂照料我，为何我仍然会想念您？原因很简单，就是我一进家门，您就拍手叫好，欢迎我，更无条件地收留我这无依无靠的小孤龟，让我能拥有一个温暖的容身之所。再说照料不只是单纯的日常供给及护理，也包括陪伴和沟通。如果不是公公每天不厌其烦地在饲养箱旁边对我嘘寒问暖的话，我也就不能成为今天这只懂人性的小龟了。所以，善善真的要衷心感谢您，感谢您的接纳和奉献，更感激您的耐心和关怀，这一切一切，我都会铭记于心。公公，您的离开曾经令我难以适应。没有您在我身边给我温暖，这间房子好像失去了原有的光彩。这种失落感令我不但失去了食欲，也失去了生命力。还好，在家人的鼓励和支持下，我重拾了生存的动力和希望。但愿在遥远的国度里，您也能感应到我的思念和牵挂。

其实，我之所以有巨大的转变，是因为你们愿意走进我的世界去关怀我、了解我。如果所有主人都能以真心来赢得动物的信任，那么动物和人类之间就不会再有纷争和冲突了。公公，宠物爱护主人的心，是绝对不容忽视的，但愿能通过以下的每个真人真故事，向各位主人阐述宠物对他们的一片赤诚和感恩。

公公，你知道狮子也懂得感恩吗？在南美哥伦比亚西部，有一位教师，名叫托尔斯。十二年前他从马戏团拯救了一头狮子，并将它送到他成立的动物保护中心居住。十二年后，他重游旧地，再一次遇上了那头狮子。狮子一看见他，就向他猛地扑过去，热情地拥吻着他。原来事隔十二年，狮子仍然认得自己的恩人。如果在动物保护中心的狮子能认得恩人,那么重新回归森林的百兽之王,又是否会对昔日的主人念念不忘呢?我相信各位定能在接下来的真实个案中找到答案。在一九六九年的一个夜晚,非洲草原上有两兄弟正拖着缓慢的步伐往归家的方向走去。忽然,他们看见了一只瑟缩在草丛中的小狮子。当时它那小小的身躯一直在颤抖着,还向他们发出微弱的哀鸣。看到这种情形,兄弟二人实在心有不忍,于是便决定收养它。当小狮子满三岁的时候,兄弟二人便把它重新放回野外生活。在小狮子回归野外之后,兄弟二人非常想念它,于是他们便决定到非洲的森林里去寻找小狮子的踪影。即使途人都说那头狮子已经变得野性难驯,说它不会再认得兄弟二人了,但是兄弟们却不相信,他们便开始在森林中到处寻觅它的足迹。终于皇天不负有心人,就在他们坐在树下稍作歇息的时候,忽然看见一只狮子从远处向他们跑过来。刹那间,狮子和他们相拥在一起,昔日的情怀再一次在彼此的心中涌现。不错,动物的情感就是这么纯真,它们不但会感恩,更懂得思念主人。

曾经,有一只小狗,名叫汤姆。每天它都去教堂,皆因主人的葬礼就是在这里举行的。汤姆无法接受主人已经死去的这个事实,天天风雨不改地到教堂等待主人接它回家,可惜,直至它离世的一刻,都未能再见到它最深爱的主人，唯有期盼它能在天国与主人重聚了。汤姆你那充满思念的眼泪，将会灌溉大地，让花草树木得到润泽而茁壮成长。

公公，我们这些宠物，就是如此这般的忠诚，为救主人一命，甚至能牺牲自己，接下来的故事主人翁是一个最好的例证。二〇〇三年十一月二十八日，在一间林业汽修厂里，有一只狼狗，她叫赛虎。由于她嗅到主人们正要吃的烤肉上被人下了毒，故一直汪汪大叫，更使尽所有的办法阻止主人吃肉。可惜，主人不明所以，以为她只是在讨食，于是便扔了几块肉给赛虎。即使如此，她也没有放弃，更没有把肉吃掉，而是继续不停地哀鸣着。当看到主人正准备吃晚餐的时候，她感觉无望了，也无计可施了，忠义的她为了要保住主人的性命，竟然伏在地上把那几块肉吃掉了，然后挣扎了几下便死去了。赛虎的忠义无人能及，她那舍己为人的精神更令我敬佩！别看她只是一条狗，她对主人的真心却是天地可鉴，日月可证，但愿她在遥远的国度里永远快乐。

公公，有时候，我真的想为其他宠物打抱不平。人类为万物之灵，却为何不能体察我们对主人的真情？人类为了更好的生存而开天辟地，然后又移山填海，令虎鲸再一次迷路，令野猪误闯入"石屎森林"，令猴子失去家园，更糟糕的是，在疫症中，主人们为了保住自己的性命，竟然随意把我们遗弃，甚至杀死。难道各位主人就是以这种极其残忍的方式来报答宠物对他们的爱吗？其实，对宠物而言，最可怕的不是死亡，而是主人的背叛和离弃。公公，我也曾经历过被主人残害的悲剧，心中常感郁闷。幸好，我遇上了您一家人，这才使满布伤痕的身心，逐渐痊愈。然而，有很多宠物，始终无法遇到善心人，甚至不断地重复着被害的命运。

　　公公，您可知道，当我们身患重病再无法被治愈的时候，一般主人会怎样做？您猜对了，他们总爱听从兽医的建议，让我们接受安乐死。愚蠢的主人们真的以为这样做能使宠物得到解脱吗？让我郑重地告诉人们，其实注射药剂的主要成分为吗啡。吗啡无可否认具有止痛作用，但它毒性极强，因此，在被注射吗啡之后，我们的器官会在瞬间衰竭，更会导致我们穿肠破肚而死。昏迷了的小宠物们就失去了知觉吗？当然不是。一切剧痛，都只能靠它们自己去默默承受了。难道这就是我们忠心的下场吗？我实在难以理解。虽然人生在世，生老病死是必经的过程，但除了消极的安乐死以外，主人们是不是还可以有别的选择呢？一只名叫奥斯卡的猫，它的生命也许能给你一些启示。在史提尔安养中心三楼，有一只黑白虎斑猫，名叫奥斯卡，它是一只治疗猫,也是病人们的守护天使。它有一种特别的超自然力量,这力量比医生和医疗仪器更强大,并能预知死亡。每当病患将要走到人生尽头之时,奥斯卡就能洞察得到。这时,它便会轻轻跳到病人的床上,默默地依偎在他的身边,安静地陪伴着他,直到病人含笑而终。那些孤苦无依的病患临终前曾描述:"当我们面对死亡的时候,往往会心存恐惧,但听着奥斯卡的'呼呼'声,心里顿时就安稳了,有奥斯卡在身边,死亡不再可怕了。"所有的生物都要面对死亡,但在迎接死神的来临时,我们不需要注射药物,更不需要医护人员的抢救,我们只需要至亲好友的默默陪伴和守护,这样便可以坦然地面对死亡。奥斯卡太棒了,它早就懂得这爱的魔法,但愿在它的安慰下,所有的临终病人都能安详离世,这是一份最好的祝福。

月亮高高挂天边,看尽人间不平事。上述的真实个案,并非凤毛麟角,而是从古至今一直都发生在我们身边的感人事迹。狮子懂得感恩,狗狗对主人最忠心,小猫更能安慰即将离世的人,而我们乌龟也殊不简单,不但能认得主人,也有知恩图报的高尚情操啊!试问人类又用什么回报宠物给他们的至善至真呢?

也许各位主人的世界很广阔,可以容纳很多东西。可是,在宠物的小小世界里,却只有主人。主人是我们的全部，更是我们的唯一。公公，到底有多少主人能像我的家人一样，愿意深入我们的内心世界去理解我们呢？但是，不论他们能体察我们的心事，还是完全忽略我们的真心，我们都已决定在这仓促的人生中，向他们施展奥斯卡爱的魔法。

公公，您可以放心了，就把婆婆和爸爸妈妈交给我吧！即使我只是一只小小的乌龟，但凭着您曾给予我的爱心和勇气，我也可以变得了不起。已经被爱彻底疗愈的小龟，定能将祝福和安慰带给家人。我感恩自己是这个家的一分子。我会努力向我的家人们施展奥斯卡爱的魔法。公公，善善于此立誓，我们一家人必定守护好彼此，永远不离不弃。但愿您在遥远的国度里，也可以听到我的呼唤和祝福，永远能活得安乐自在，如意吉祥。

孙儿小龟善善敬上
写于二〇二二年六月二十二日

十八

平行时空下的约定

亲爱的爸爸:

您好,人人都说现实是残酷的。难道人只有在梦境里,才能真正得到快乐和满足吗?

一觉醒来,我竟然感到从未有过的龙精虎猛。原本就先天不足后天失调的我,怎会变得像现在这样精力充沛?这时,有人推门进来。啊!我惊呆了,是爸爸,真的是您吗?这可能吗?然后惊魂未定的我听到自己说:"爸爸,您……您……为何会在这儿?您不是……"

"欣欣,如果我说我是特意回来看望你们的,你能相信吗?"您目不转睛地注视着我,"快起来吃早餐吧,爸爸做了你最爱吃的煎锅贴和饺子呢!"

"我……我……"我张大了嘴,大惑不解地看着您。"爸爸……您不是已经到极乐国去了吗?"我悲喜交加地看着您。

"唉……孩子,一切说穿了就没意思了啊!"您长叹了一声。

究竟是我把自己弄糊涂了,还是我此刻正处于梦幻中?我不知道,我真的不知道啊!我想着,想着。

"欣欣,你怎么总是傻傻地看着我?好了,好了,快梳洗完出来吃早餐吧。你的动作真的要快一点了,不然的话,饺子就会被青蛙吃光了!"您突然哈哈大笑起来。

青蛙?就连我丈夫的昵称也说得出来,难道这真的不是梦境吗?我不禁自言自语地说着,说着。

"什么?你说什么啊?你说大声一点好吗?我听不到啊!"您边歪着头边说。

婚礼大合照

哦，对了，爸爸的听觉向来不太灵光！我嘀咕着。"没什么。"我慢慢回过神来，"爸爸……我知道了……我一会儿……便出来吧，请您……先到客厅……等我好吗？"我仍然难以置信地看着您。

"哎哟！你怎么今天说话总是结结巴巴的？好了，我先到客厅用餐了，你快些出来吧！"您说完便转身离去了。

我默默地思索着。好了，好了，由它吧！是我日有所思夜有所梦也好，是我幻想出来的也罢，我都不计较了。梦境是暂时治疗内心伤痛的最佳麻醉药，就让我沉醉于当下吧！就算医生真的曾经向我们宣布了您的死亡时间，就算您病床旁那部心电监测仪当时真的显示着一条直线，那又怎样呢？难道我不能选择停留在这个您仍然活着的平行时空吗？我只是稍作逗留，一会儿我一定会清醒过来的。

今天早上，我特别开心，不知不觉就吃了三十个锅贴和数不清的饺子。其中有爸爸的味道，也是我怀念的味道。哦，为什么今天的饺子全都有一股活跃的生命气息？我不停地在思考着。

"欣欣，饺子和锅贴我都是以新鲜白菜和菇类来做的，味道是不是很清新呢？"您似乎看穿了我的心思。

"对！爸爸，今天的饺子不但充满了生命的气息，而且还有深厚的人情味，这太令我感到惊喜了！！"

"欣欣，你喜欢就好，爸爸现在吃素了，所以我做的饺子不含肉类，更无'五辛'，你们这些嘴馋的素食者就放心地吃个痛快吧！"您边说边把一个饺子放到我的碗里。

"哦，爸爸已经吃素了，这实在令我喜出望外啊！"我边说边在心中暗暗为您喝彩。

吃过丰盛的早餐后，我们便一起到公园散步。阵阵秋风迎面而来，落叶四处飘散，这种萧索的情境不禁令人感觉凄冷。凄冷？不对，现在我们不是一家团聚了吗？为何我仍然感到莫名的悲凉？我努力叫自己不要胡思乱想，就让自己活在这个当下吧！

我们如常地听着爸爸您诉说从前在非洲的那段令人伤感的往事。当您说到自己为了好友着想，请他三思，不要因为外遇而自毁长城，不然的话，伤了家人的心，将来必定会自食其果。可惜挚友不理解您的好意，还恩将仇报呢！最后，不幸中的万幸，即使千金散尽，但爸爸的忠义和品行，却是天地可昭。子曰："君子成人之美，不成人之恶。小人反是。"是的，如果要您做一些违背良心，与小人朋比为奸的坏事，您宁可失去一切，也决不会任人摆布。虽然您的非洲经历，我们已经听了几千遍，但其中的情节却是百听不厌。

"你们知道吗？当时，在我们非洲的厂房里，有很多非洲工友。他们目不识丁，故只能以劳力来赚取金钱。可是，这些小伙子总是粗心大意，而且在工作的时候又不够专心，于是经常会发生手指被机器割断，甚至手脚全废的意外。为了避免他们成为残障人士，我只能盯紧他们，在必要的关头伸手敲打他们的头，好让他们本能地把手缩回来，以免意外发生。唉……非洲人大多数是贫困的，手脚是他们唯一的资产。如果唯一的生财工具也没有了，试问他们如何养活妻儿呢？"您边说边难过地落下泪来，妈妈看见了，便立刻用纸巾为您拭去眼角的泪水。

"是的，我知道了。就是因为这样，所以在您要离开尼日利亚之时，那些小伙子竟然蜂拥而至。看着他们在机场的登机闸前纷纷哭着向您致敬，我不禁感动得潸然泪下。我还听见他们说，在这儿，人人都欺负他们，就只有您待他们最好。况且，如果不是您及时阻止了意外的发生，他们恐怕已经朝不保夕了，难怪他们会如此这般感激您。当时，我听到这番话，也不由得感到凄凉。不过，我衷心地为您感到骄傲。"这时，一向硬朗的妈妈也突然流泪了，我们一时不知道该说些什么才好。

后来，我们四人一起去荡秋千，还比赛谁荡得最高呢！回到家中已经是晚上六点多了。大家梳洗和吃饭后，又围着饭桌一起玩扑克牌。我们聊聊天，说说笑，又过了平凡的一天。但是，平日不甚珍惜的一天，怎么今晚却让人分外留恋？此时此刻，我真的盼望时间能停下来，甚至奢望爸爸妈妈永远能守护在我的身边。我不住地问："爸爸，现在女儿是在做梦吗？您真的还活着吗？"我边握着您的双手，边不停地说着，说着。这一刻，我真的能感觉到您的双手是温暖的，您的声音是熟悉而亲切的，我很难相信这只不过是一个梦啊！

在夜深人静的时候，其他人各自回到睡房休息了，客厅中就只剩下我和爸爸。

"孩子，谢谢你给我写的每一封信，即使我已经离你们而去，我也依然爱你们。不管我们相隔多远，我依然能收到你的来信，也能感应到你们的思念。"您坐在我对面的沙发上边说边看着我微笑。

"爸爸，原来我的每一封信您都收到了。"我兴奋地说。

"对啊，不论是你给我忆述的故事，还是你

一家四口　哥哥（左）、妈妈（左二）、明欣（中）、爸爸（右）
（彭希娜小朋友绘）

向我报告近况的所有信件,我全都收到了。"您平静地说。

"爸爸,那太好了!那实在太好了!我还一直担心这些无法寄出的信件您会收不到呢!"我欣喜若狂地跳了起来。

"淇淇、青蛙、小欣和升升等,都是我心目中最善良的乖孩子,你和哥哥永远是我的心肝宝贝,当然还有你妈妈,唉……她从来都是我在这世间最想念和惦记的一个人。你们都曾经令我万分牵挂!"您慢慢地说着,说着。

"曾经?那你现在对我们已经毫无牵挂吗?"我若有所失地看着爸爸。

"谢谢你们懂得把依依不舍的离别之情,转化为关爱其他老人的原动力,凭着这爱的信念,你们活着的每一天都将会更丰盛、更精彩。既然如此,我的心头大石也该放下了。"您走过来,坐在我的身边拍拍我的肩膀说。"不过,你的健康问题,向来都是我最关注的事情。"您边说边摸摸我的脑袋瓜儿。

"爸爸,那您大可放心,我已经找到一位中医为我诊治,相信没多久,我的身体定能恢复健康状态。"我边说边笑。

"哦,原来如此。良医难得,那你就不要因为汤药苦而退缩了,所谓苦口良药,'吃得苦中苦,方为人上人',对于这点你一定要谨记。"您语重心长地说个不停。

"我知道了,爸爸,令你挂心了,真对不起。"我歉疚地说。

"欣欣,你哥哥一家好吗?"您关切地问。

"他们都很好。"我回答道。

"你们要好好照顾妈妈,也要多保重自己。冬天的时候,要注意保暖,夏天的时候,要祛湿清热。"您雄厚的声音在客厅中回荡着。

"爸爸,请不要挂心,我们都很好,也自当尽力去孝顺妈妈。爸爸,谢谢您给我们的一切,您是我们心目中的巨人,是我们顶天立地的爸爸。"我边说边握着您的手。这时,您突然站起来,说:"是时候了,我必须沿路来,沿路去。"

"爸爸,孩子明白了,你要回去了是吗?"您没有说话,只是点点头,并缓缓地披上了小风衣,然后便默默地向我挥手作别。哗啦啦,我走近窗前向远处眺望,原来外面正下着滂沱大雨。我看着爸爸的身影渐渐消失于夜色中。此刻,我再分不清天上落下来的是雨还是老天爷为我们洒下的离别之泪。我盼望能将忧郁的雨天留给自己,把晴朗的每一天都送给爸爸。

爸爸,我不要老是哭哭啼啼地跟您说再见,也不要再拉着您的衣角恳求您留下来。我不能辜负您的洒脱,更不忍您为此徒添困扰。也许我只能一如既往向您轻轻地挥手作别。爸爸,尽管在大家面前我永远是个长不大的孩子,遇到困境依然会软弱,面对离别依然会踌躇,但是,这些年来,孩子已经饱经历练,也尝尽了世间的人情冷暖。没错,从前,为了推行真正的共融,我曾经摔得皮开肉绽,然而,这一切却令我学会了在希望和失望中挣扎求存,在千锤百炼中成长。就这样,在黑暗和光明之间,我终于找到了正确的方向。爸爸,您仍然记得我往日最爱的诗歌吗?对,就是岳飞将军的《小重山·昨夜寒蛩不住鸣》,其中我最爱以下两句:"欲将心事付瑶琴。知音少,弦断有谁听?"您知道吗?我曾经有多幼稚,竟然一度认为只有自己才能深切体会岳飞将军当年的感受。一切已经过去了,不被理解也好,再一次面临困境也罢,我毫不在乎,凭着爸爸给我的力量,我相信自己定能如大鹏展翅般在辽阔的晴空中自由自在地穿梭飞舞。

这时,在哗啦啦的雨声中又响起了爸爸沉稳而明朗的声音:"孩子,你做得很好。在遥远的国度里,我会一直期待着你的来信。就让我们一起为再一次的相遇而活好每一天吧!死亡并非尽头,皆因生之后是死,但死之后,又是另一个新的开始。万物的生命就是这样循环不息。孩子,做事只要对得起天地良心就可以了,一切的是非对错又何必执着呢？要知道人生只不过是一出连续剧，一切爱恨情仇，也只是用来满足剧情需要而已，待曲终人散的时候，所有的喜怒哀乐，也自然会烟消云散的。"您的声音响彻寂静的深夜，我的心情也渐渐地平复下来了。

第二天醒来，一切又恢复原状了。我依然软弱无力，就像昨夜没有睡过一样。困倦的我走出睡房到处张望，只见妈妈如常地打扫，而青蛙早就上班去了。爸爸昨晚曾经来访的事情，竟然完全没有留下一丝痕迹，更没有人向我提及这件事。难道我真的曾经在时间裂缝中穿越到了另一个世界？在那个平行时空里，爸爸真的回来探访过我们吗？哦，我明白了，这不是梦，啊！原来书信就是关键，只要我坚持继续写信给爸爸，时光隧道的门定能再一次打开，好让我和爸爸能在另一个平行时空里重聚。尽管这个想法充满了童话的色彩，但偶尔让自己活在童话世界中也不为过吧？至少我们可让思念转化为期待的动力，这充满了生气的盼望，不是比起天天活在死气沉沉的现实中，更让人感到幸福和充实吗？

爸爸，《平行时空下的约定》是我第六本著作，也是我和您之间的约定。但愿我每次写信给您的时候，我们都能互相感应。我热切期盼着我们的故事，可以在祖国的土地上为每一个中国人带来希望，更期待这正能量的火苗能为身处逆境中的朋友驱走黑暗，引领他们走出困境，找到新的机遇和方向。

爸爸，感恩沿途有您，我的世界因此很美！女儿知道爸爸爱国爱家，更一直渴望能为我们的祖国贡献一生，但愿我们的故事能感动更多人，给这个世界带来更多正向的影响，好让您的心愿能真正实现。爸爸，为了这个崇高的抱负，欣欣必定会继续给您写一封又一封的信。爸爸，孩子答应您，我一定会尽力把父母给我的这颗爱的种子植根于中国的每一寸土地上，让它生根发芽，茁壮成长。

爸爸，随着香港特别行政区回归祖国二十五周年的日子逐渐临近，我也变得越来越兴奋，就让我们一起祝愿所有的中国香港同胞们回归祖国二十五周年节日快乐。爸爸，您知道孩子向来不喜欢哭着说再见，因此，就让女儿在这个万众期待的节日来临前，怀着对国家的热诚和感恩的心跟您笑着道别好吗？我们约定就在下次的平行时空里再见。

女儿欣欣敬上
写于二〇二二年六月二十六日

特别鸣谢：个人及支持机构

全国政协副主席梁振英先生

全国政协常务委员高永文医生

香港特别行政区荣誉勋章受勋者，太平绅士黄伟雄先生

陈美玉博士

梁咏琪小姐

大伯伯汪福标先生

教育界代表郭金莲女士及伍瑞瑶先生

香港潮州商会董事马照祥先生

侄儿汪攸升小朋友

外甥女彭希娜小朋友（插画）

广东人民出版社

中国星火基金会